月の心理占星学

岡本翔子

方丈社

はじめに

夜空を彩る月と心の中で光を放つ月

朝、目覚めると、まばゆい太陽の光が部屋に差し込んできます。夕暮れには月が昇り、漆黒の夜空には無数の星が瞬いています。遥か昔から、人間は自然や天体の動きと共にありました。この本で説明する心理占星学では、空にさまざまな天体があるように、私たちの心の中にも太陽や月、惑星たちが住んでいると考えます。

普段、雑誌やネットなどでよく知られる星占いは、生まれたときに太陽が位置していた星座で判断します。これは誕生日さえわかれば、だれでも簡単に自分の星座を知ることができるので、半世紀以上もの間、この太陽星座による星占いが各メディアでも主流でした。

ところが自分の太陽星座の性質を読み、「どうもピンとこない」「当たっている部分もある半面、自分の中には全く別の性質もある」と感じる人の中から、月の星座への関心が高まってきたように思われます。

事実、最近ではネットの無料ホロスコープ作成サイトの普及と共に、簡単に自分の月星座を調べることが可能になったので、月星座に関する書籍やネット情報も数多く見受けられるようになりました。

たとえば9月末の生まれで天秤座のある人が、「確かに私は美しいものが好きで平和主義、争い事を好まないというのが基本だけど、ときおりどうしようもなく衝動的に突っ走ってしまう激しさもある……」と感じているとしたら、出生時の月を調べてみるとよいでしょう。太陽の星座の性質と月星座の性質の間で、内面的な葛藤があるかもしれません。

人はだれでも「自分らしく生きたい」と願っています。最近、よく耳にする「生きづらさ」という言葉が象徴しているように、自分らしくありたいと思いつつも、複雑な自分の心を持て余し、人間関係や自分自身の在り方に悩む人が増えています。通常の太陽星座に加えて、自分の月の星座を深く知ることで、その「生きづらさ」の正体が見えてくるかもしれません。

この本では、占星術の心理学的なアプローチである心理占星学をベースに、月星座をさまざまな角度から深く掘り下げてみました。

月が象徴するものを説明し、月の星座が表す「安全」と「生存」を求める基本的な欲求を探り、それぞれの月の欲求に合った〝栄養〟とは何かを考えていきます。また、月星座を通じて私たちがいかに母親（もしくは養育者）と出会い、その経験を通じて人との関わりや愛を得る方法を学ぶ（という、心理占星学特有の考え方はとてもスリリングです）。

月星座の説明に加えて、実際の家族それぞれの「太陽星座」と「月星座」が織りなすさまざまな葛藤と再生の物語を、インタビュー形式でまとめたケーススタディも、読み物として楽しんでいただけたら幸いです。

そして最後には、ネットで公開されている英国王室メンバー12名のホロスコープと共に、彼らの間に流れるファミリーダイナミクス（家族力動）を、それぞれの太陽と月の星座の説明を加えながら読み解いてみました。

夜空を彩る月と心の中で光を放つ月。

その両方の明かりを道標として、あなた自身の広大な心を旅してみてほしいと思います。

目次

3 それぞれの月星座

4 月に栄養を与える

5 ケーススタディ

6 英国王室のファミリーダイナミクス

1 月との出会い

◆月との出会い

物心ついてから、あなたが初めて月を意識したのはいつの頃でしょうか。日が暮れるまで夢中で遊んだ子ども時代、ふと空を見上げると白く輝く月を見た、という人は多いのではないでしょうか。家に辿り着くまでの間に、まるで月が追いかけてくるような不思議な感覚にとらわれて、何度も振り返ってしまった経験がある人もいるでしょう。

月は私たちにとっていちばん身近でなじみのある天体であると同時に、どこか謎めいていて想像力をかき立てられる存在です。実際の月を見るうちに、徐々に気づく事実があります。それは絶えず変化をしているのに、その動きにはルールがあるということ。三日月から上弦、満月、そして下弦から新月とその姿を変えていくのに、一定の周期を繰り返しています。一晩過ぎただけでも月の形は変わりますが、翌月もまた同じ順序で同じ動きをします。月というのは不安定で移ろいやすいイメージを持ちながら、その不変のサイクルには合理性があるという意味で逆説的な存在です。

人工的な光に慣れ親しんだ私たちは、家の明かりが暖炉やロウソク、また石油ランプだった頃のことを忘れてしまっています。都会で暮らす人々の多くは、夜空が完全に真っ暗闇になる黒夜を見たことがありません。人里離れた山間部やサハラ砂漠などの僻地にでも行かない限り、私たちの祖先が経験したような、新月の夜の暗闇を体験することはほとんどないでしょう。

そんな漆黒の夜空に昇る白銀の月を想像してみてください。一筋の月光はまるで矢のように地上に降り注ぎ、私たちの心を明るく照らします。かつて砂漠を旅する人の道しるべとなったのも、夜空に輝く月の存在でした。これから占星術における月の存在を、心理学的なアプローチと共に紹介していきますが、ホロスコープ（出生天宮図）の中の月にこだわる前に、まず実際の月を見てほしいのです。ぜひ折に触れ、毎月の月の満ち欠けを何とはなしに観察してみてください。占星術を学ぶ人はみんな、実際の月や天体と向き合う素晴らしい時間を作ってほしい、と私は思います。

とりわけ月のサイクルを何日もかけて観察するうちに、あなたと月の間には〝特別な何か〟が生まれます。太古から常にそうであったように、月は見る人々にイマジネーション豊かな感情的な反応を呼び起こします。たとえば新月から数日後に現れる、三日月を夕暮れの西の空に発見する喜びはひとしおです。細く優雅な三日月は、どこかはかなくて、哀愁を誘うようなところがあります。それに対して満月はとても魔術的で、気分が高揚すると同時にざわざわと心が不安に駆られたりもします。そして夜空に月の出ない新月の夜は、心が静まり返り無意識の中で小さな希望が芽生えます。

このように実際の月と占星術での月を行ったり来たりするうちに、月に関する洞察が深まっていきます。占星術家たちは、太陽や月、および惑星の動きが、地球上の生命や人間の性格、行動に関係があるという前提に立ち、何千年もの間、研究を重ねてきました。天体の影響についてはさまざまな理論がありますが、両者の間には単に相関関係が見られるというだけで、それが何であるかはいまだに謎めいています。月に関して言うと潮の満ち干のように測定可能なものや、明らかに因果関係がある事象もありますが、それがすべてではありません。とはいえ私たちはみな、月に関する明確な事実から、語り継がれてはいるものの科学的根拠は見いだせない現象にまで、月に興味を抱き、月に反応してしまいます。それほど月は魅力的な存在なのでしょう。それではここからは、占星術における月が、私たちの心や感情、そして肉体にどのような影響を及ぼすのかを探ってみたいと思います。

◆月が象徴するもの

生まれたばかりの小鹿の赤ちゃんが、数時間後には自力で立つ様子を映像で見たことがあります。それに対して人間の赤ん坊は立ち上がるまでに少なくとも約10か月を要します。さらに何年もの間、自分を育て慈しんでくれる存在に命を委ねることになります。生きていくための必需品を持たずにこの世に生を受けた人間は、依存できる母親、またはその代理となる存在が必要です。そのため命綱となる母親（もしくは養育者）に対し、深い感情的な執着が生まれるのは当然のことといえるでしょう。

やがて私たちは大人になり、自然な形で母親から自立する人もいれば、悪戦苦闘の末に自立という自由を手にする人もいます。昨今では「あえて自立しない」という選択をする人たちもいますし、自立する方法がわからないまま年齢を重ねてしまう人たちもいます。話題の８０５０問題、つまり80代の親が50代の子どもの生活を支えるという、２０１０年代以降の日本に多く発生している、長期化した引きこもりに関する社会問題も起きています。これは社会的、経済的な問題だけではなく、母子双方の心理的な自立にも関わる問題です。

本来、子どもにとって母親は「世界」そのものです。私たちは幼少期の母親との体験を通じて世界を見るようになり、母親から教えられた方法に従って自分の世話をすることを覚えます。母親が子どもの基本的な欲求を充分に満たしてくれる安全で適切な養育者の場合、親切で面倒見のよい人になるにはどうすればよいかを母親から学ぶことができます。そしてその子どもは人生を肯定し、世界は本質的に善意に満ちていると信じられる大人になります。しかし私たちの欲求が、母親に悪意があるかないかにかかわらず、無視されたり、歪められたり、操られたりすると、肯定的な人生観を抱けなくなります。すると世界は悪意にあふれていて、大人になることに恐怖心を覚え、人生そのものがつらく楽しくないものと映るようになります。

さてここでいう母親に対する基本的な欲求とは、単に食事や睡眠、グルーミングに限らず、「どのように扱われたいか」「何に愛情を感じるか」という感情的な欲求も含むので、個人の性質によって各自が必要とするものが変わってきます。それを表しているのが「月」なのです。出生時の月がどの星座に位置し、どんな状態であるか。それぞれのニーズに従って、自分自身の面倒を見る方法を、月は教えてくれます。月は私たちの内面にあり、たとえ子ども時代の母親との関係がよくなかったとしても、「何が問題なのか」を指し示し、その傷を癒やす方法を教えてくれます。

あなたの母親にも子どもだった時代があり、その母親からどんな形で愛情を注がれたかを想像してみるとよいでしょう。占星術というフィルターを通して親子関係を観察すると、悲喜こもごものドラマが見えてきます。あなたが成長していく過程で、母親とは違う独自の存在としての自分を区別することによって、〝心理学的な誕生〟が促されます。

私たちが赤ん坊だった頃、「私は自分自身であり、たまたま肉体を持って生まれたに過ぎない」といった自我はありません。肉体とは独立した「内的な自己」という感覚は、占星術では太陽の管轄です。この特徴は成熟するにつれ、はっきりしてくるものです。つまり私たちが通常、○○座生まれと思っている太陽星座の性質は、自我の目覚めと共に表れてくるものなのです。対する月は、生まれたときからそこに存在します。幼少期の最初の経験は、肉体に関するものです。「おなかがすいた」「眠たい」「オムツが濡れていて不快だ」「触られたい」「無事でいたい」など、感覚と肉体の欲求以外は何もないはずです。幼少期にはまだ、「仕事で成功を収めたい」「将来は○○になりたい」というような意志の力や目的意識は目覚めていません。幼少期の基本的で本能的な欲求が満たされると、私たちは満足し、「ここは安全な場所だ」と感じられるようになります。月は、肉体を生かし、自らの命を安全に保つための能力と関わっているということがわかります。

◆「安全」と「生存」を求める基本的な欲求

月が人の心にもたらす心理的な作用を考えるとき、まず「安全」と「生存」を求める基本的な欲求について考慮する必要があります。それが充分に満たされないと「不安」が生じます。ここでいう「不安」とは、実際の生活から生じる「心配事」とは少し違います。後者は通常、「不況で給料が減らされそうだ」とか「仕事が期日通りに終わりそうもない」というように、差し迫った現実的なものが基盤となっています。しかし「不安」というのは、人生は安全ではなく、自分の身に何か悪いことが起こるのでは、という思いにほかなりません。不安をかき立てる要因は人それぞれですが、ほとんどの不安は大人になってから不安を引き起こした要因とは関係なく、人生の初期に体験した「安全ではない」という感覚に根ざしています。

環境の変化や、仕事や住む場所がなくなるのではという恐怖から不安に駆られる人がいます。またある人にとっては、大切な人に拒絶されたり見捨てられたりするという脅威が、不安を引き起こします。私たちの心の中には、命を育み維持しようとする本能的な働きがあります。それこそ、月が関わる領域です。不安に駆られ、安全な状態を取り戻したいというとき、人は自分の中の月に頼ります。ホロスコープ（出生天宮図）における月の星座とその状態が、いったいどのようなものが安心感をもたらしてくれるかを教えてくれるのです。

◆月の飢餓感と誤作動

月の欲求が満たされないとき、たとえて言うと月は飢餓状態に陥ります。私たち人間は、だれもが少し、何らかの形で強迫的なところがあります。なぜなら人生は常に安全だとは限らず、恐れを抱く必要がない完全な人間などいないからです。それぞれの月を表現し育む方法がわからないとき、月は間接的な表現をすることになります。たとえば身近な人から「大丈夫だよ」と優しい言葉をかけてもらうだけで安心できるのに、それが得られないとスイーツのドカ食いをしてその飢餓感を紛らわしたりします。無意識レベルで不安を感じ、安心したいときに私たちが取る盲目的なメカニズムは、代償行為に走ることです。ときとしてこのような強迫観念が私たちを乗っ取り、自分が気づかないところで何年にもわたって私たちの行動を支配することがあるのです。これは月の誤作動、つまり月が機能不全に陥っている状態です。幼少期に感じた不安が心の中でうごめいていることに気づかず、とりあえず満足感を得るための「何か」をせずにはいられない状態です。

思春期に多く見られる拒食症や過食症といった「摂食障害」は、母子関係に端を発することが多いようですが、これも月の誤作動と言えるかもしれません。確かに私が見てきたいくつかのケースでは、母親からの自立をテーマとする人のホロスコープの月に、ある特徴が見られます。簡単ではないかもしれませんが、それぞれの人の月を観察し、実際の食べ物ではなく心に必要な〝栄養〟を与えることで、月の機能不全が解消される場合があります。

◆月の欲求に合った〝栄養〟とは何かを探る

人間の精神は実に多彩で創造性に満ちています。無意識の中にある月の欲求は、実際の食べ物を補給すればそれで事足りるというほど単純ではありません。月が欲している栄養は多岐にわたります。実に多くの物事が「食べ物」の代わりになります。

ある人にとっては、お金を貯め込むことで「不安」が解消されるかもしれません。これはお金が「安全」と同一視されるためです。持ち家がある、老後に必要だとされる2000万円の貯金がある、また充分な保険に入っている限り、自分は安全だというわけです。だれにとっても「お金」や「財産」は、安心を与えてくれるものです。ただし、お金や所有物に対する常識的な態度と強迫観念による態度を比べると、後者には何かを失うことに対する非合理なまでの恐怖感が付随していることが多いので、その違いははっきりしています。言い換えると分別のある心配ではなく、理由のない「不安」がそこにあるということです。

神社などの「護符」や「幸運のお守り」、また幸運を呼ぶラッキーアイテムといわれるものも、月の投影物でしょう。この種の魔術的な考えは、合理性を身につけた大人であっても、無意識の深い本能的な部分に潜んでいます。当然のことながら、これらのお守りが幸運を運んでくるわけではありません。何らかの理由で象徴的な価値を持つようになり、不安を解消し「安全だ」と思わせてくれるもので、一時的には月の栄養となるかもしれません。

またある人にとっては他者の存在が、その人の月に栄養を与えるものになります。恋人や配偶者、子どもや孫などがこれに当たります。また家族というより、ある種のクラブやサークル、共通の思想や職業のグループとの交流が、その人の「月の食べ物」になっている場合もあるでしょう。

月の誤作動という点に戻ってみると、自分の月が何を欲しているかに気づかず、家族と自分を同一視して、無意識に家族に頼り過ぎる母親を見たことがあります。家族のだれかが自分のやりたいことを始めたり、自分の道を見つけて家を出ることになったりすると、恐怖心に駆られて感情的な反応をしてしまいます。

さて、あなたにとっての「月の食べ物」は何かを考えてみてください。これは出生時の月の星座を調べることで、何らかのヒントが見えてくるはずです。

代償行為としての「何か」ではなく、健全な形での栄養分を補給することで、あなたの人生はもっと豊かで創造的なものになるでしょう。

2 太陽星座と月星座の違い

占星術を知るきっかけは、雑誌などの星占いでしょう。生まれた日（誕生日）によって星座を12に分類し、各星座の性格や人生の傾向などを判断します。それを「誕生星座占い」と呼びます。自分が何座になるかは、出生時に太陽が天にある黄道12宮（12の星座が位置する空間）のどの宮に位置していたかで決まります。

巷にあふれる「誕生星座占い」は、長い歴史を持つ占星術の、ほんの入り口のようなもの。そこから占星術に興味を持つと、生年月日、出生時間、出生地のデータを基にホロスコープ（出生天宮図）を作ることになります。単に「○○座生まれ」という分類から、個人のホロスコープを作成してみると、そこには太陽以外にもさまざまな天体がホロスコープを彩っているのがわかります。中でも太陽同様、個人の性質や人生の行方に大きな影響を及ぼすのが月の位置です。月の星座の調べ方は、後で詳しく説明します。

太陽星座の説明を読み、「どうもピンとこない」「あまり当たっていない」と感じる人も多いと思います。太陽星座と共に、出生時の月の星座も調べてみると、「こっちのほうがしっくりくる」という人は少なくありません。なぜなら月の星座は、まだ私たちがはっきりと「私」という自覚を持つ前の段階、つまり「自我」に目覚める前の、幼少期の性質に影響を与えるからです。子ども時代の世界のとらえ方、起こった出来事に対する反応（リアクション）や感情（フィーリング）は、むしろ月の星座に負うところが大きいとされています。

月の星座を知ることは、あなた自身をより深く知るきっかけとなるでしょう。以下に太陽星座と月星座の違いを説明しておきます。

◆太陽星座（出生時に太陽が位置していた星座）

太陽は明るい「意識」、分析心理学でいう「自我」を表します。それは「私」または「自分であるという感覚」であり、他人と自分を区別するものです。俗にいう〝○○座生まれ〞とは、太陽が位置する星座のこと。太陽がどの星座にあるかで、その人の基本的な性格がわかります。あなたの生き方や生きる姿勢は、この太陽星座に表れます。人生の目標、「こうなりたい」という意志や願いを、太陽星座は象徴しています。

◆月星座（出生時に月が位置していた星座）

月は太陽とは対照的に「無意識」や「本能」「気質」を表します。普段の生活における習慣的なふるまいは、月が位置する星座の性質に関係します。月によって示される性質は、より子ども時代に顕著です。月の配置はまた、人がどのように「感情」や

「肉体」と関わるかを表します。あなたが人とどう向き合うか、どのような人間関係を築くかは月星座が示し、感情が満たされ安心し、心が幸せだと感じることを月は暗示しています。

太陽はひとつの星座に約1か月留まり、1年かけて天の黄道12宮を一周します。それに対し月の動きはもっと早く、約1か月かけて、黄道帯にある12の星座すべてを巡ります。つまり同じ年の同じ太陽星座生まれであっても、月の位置は12星座に分かれることになります。同じ年の牡羊座同士でも、月星座が替われば、性質や人との関わり方も異なるとわかるでしょう。

◆12星座

月の星座の解釈に移る前に、まず占星術への理解を深めるうえで、最も基礎となる12星座の説明から始めてみましょう。

〈4区分―エレメント〉

各星座は火・地・風・水という4つのエレメントに分かれます。火のエレメント（牡羊座・獅子座・射手座）は大胆で勇気があり、衝動やひらめきで行動することが多く、とてもエネルギッシュな性質です。地のエレメント（牡牛座・乙女座・山羊座）は現実的で地に足がついていて、心地よさや安定を好みます。風のエレメント（双子座・天秤座・水瓶座）は、いわゆる「頭」の中で生きている人たちで、思想やコミュニケーションを大切にします。水のエレメント（蟹座・蠍座・魚座）は情感豊かで繊細、想像力に恵まれ人の気持ちに敏感です。

心理占星術では「無意識の心理学者」と呼ばれるスイスの精神科医、C・G・ユングの「タイプ論」に出てくる心の4機能、Intuition（直観）、Sensation（感覚）、Thinking（思考）、Feeling（感情）と、火・地・風・水の4つのエレメントを対応させているのが特徴です。

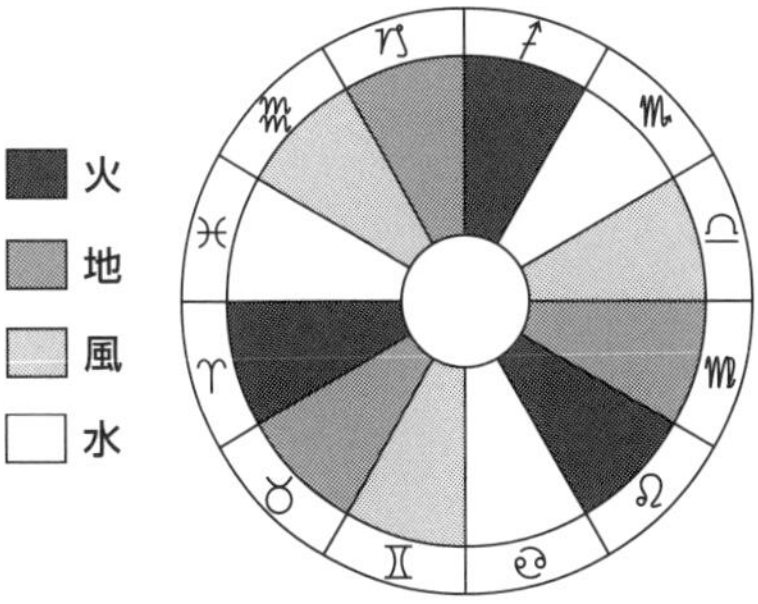

Intuition／直観機能（火の星座に対応）

―五感ではとらえられない総合的な直観力で判断する心の働き

Sensation／感覚機能（地の星座に対応）

―現実に存在するものを五感でとらえ、快・不快で判断する心の働き

Thinking／思考機能（風の星座に対応）

―情感よりも論理を重んじ、合理的に頭で割り切って考える心の働き

Feeling／感情機能（水の星座に対応）

―論理よりも情感を重んじ、好きか嫌いかで判断する心の働き

〈3区分―行動様式（モード）〉

また12星座はその行動様式（モード）により、さらに3つのグループに分類することができます。このグループはお互いに90度ずつ離れた4つの星座から成り立っています。先に説明したエレメントが性格や心の機能を表すのに対し、活動（カーディナル）、不動（フィクスド）、柔軟（ミュータブル）という3区分で、行動様式を決定づけます。

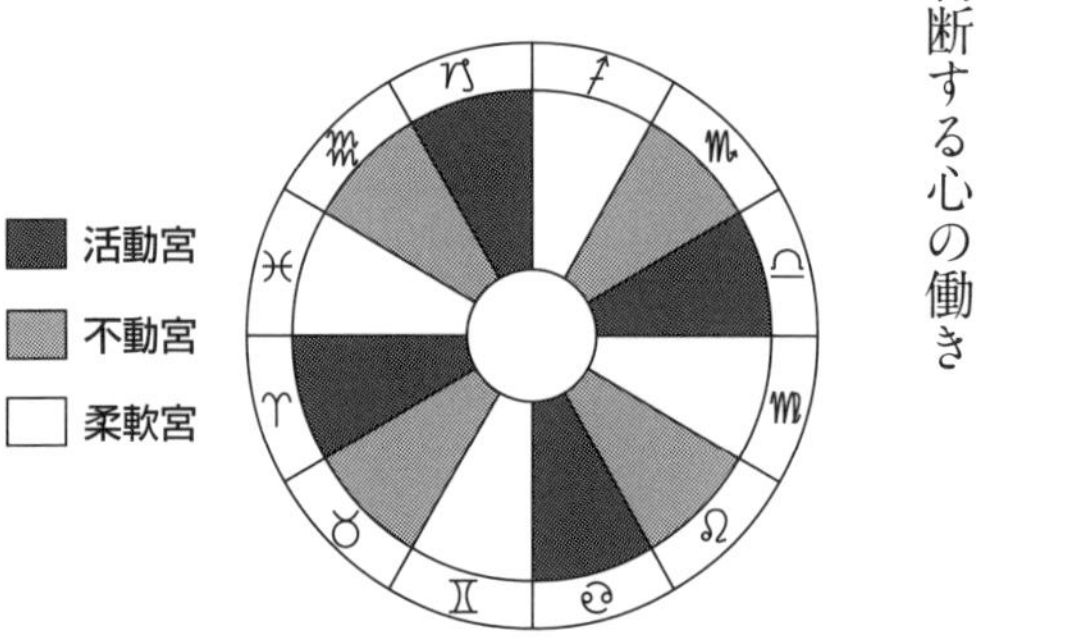

活動宮（♈牡羊座・♋蟹座・♎天秤座・♑山羊座）

分点と至点（春分・夏至・秋分・冬至）から始まる4星座に対応。積極的に新しい物事へ取り組もうとする進取の気性に富み、常に物事の真っ最中にいるときに自分のベストを発揮する傾向があります。その行動様式は、改革と変化を好む活動性にあります。環境の変化に素早く対応し、あらゆる可能性を試すという理由から、とりあえず動くというパターン。停滞した状況が続くと苛立ちを感じます。

不動宮（♉牡牛座・♌獅子座・♏蠍座・♒水瓶座）

確固とした安定性と不動の決断力が特徴です。一度こうと決めたら、なかなか方針を変えない（変えられない？）頑固さがあります。不動のエネルギーは心の内側へと向かうので内省的です。変化や外からの圧力には抵抗することが多く、困難に直面しても静かな強靭さで切り抜けます。自分の主観的な考えを大切にし、独自の世界観を持ちますが、現実を見る目に自分の考えが入ります。

柔軟宮（♊双子座・♍乙女座・♐射手座・♓魚座）

順応性と変わり身の早さが特徴。多芸多才で周囲の状況に素早く適応できます。これは活動宮の行動に対する欲求や、不動宮の目的を達成したいという欲求とは違って、状況への適応や理解、周りとの調和を優先するからでしょう。柔軟宮に欠けているのは意志の強さ、決断力、信頼性、持続性などでしょう。周りに影響されやすい半面、一人でいるときはニュートラルなのも特徴です。

〈2区分―陰陽〉

さらに12星座をざっくりと陰陽で分ける2区分についても説明しておきます。各星座は牡羊座（＋）→牡牛座（－）→双子座（＋）……という順序でマスクリン（男性宮）フェミニン（女性宮）のふたつのグループに分かれます。

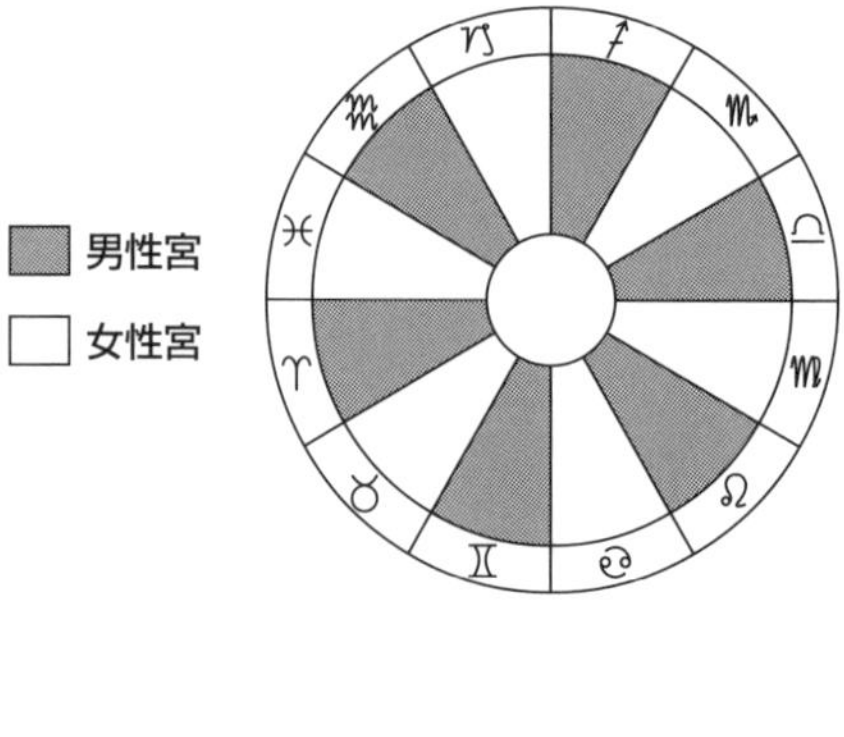

マスクリン（男性宮）・・・陽の宮
牡羊座・双子座・獅子座・天秤座・射手座・水瓶座
陽の宮は能動的で自己表現力があり、男性原理に対応します。

フェミニン（女性宮）・・・陰の宮
牡牛座・蟹座・乙女座・蠍座・山羊座・魚座
陰の宮は受容的で自己抑制傾向にあり、女性原理に対応します。

◆各星座の概要（4区分・3区分・2区分）

♈ **牡羊座**（火・直観＋活動宮＋男性宮）
パイオニア精神、勇敢、リーダーシップ、行動がすばやく精力的、負けず嫌い、企画力、自己主張が強い、気が短い、守りに弱い、失敗してもめげない

♉ **牡牛座**（地・感覚＋不動宮＋女性宮）
穏やか、現実的、意志が強い、頑固、頼りがいがある、安楽な生活を好む、安全志向、所有欲が強い、融通性に欠ける、動きが緩慢、贅沢で快楽志向

♊ **双子座**（風・思考＋柔軟宮＋男性宮）
好奇心旺盛、反応が早い、順応性、機知に富む、当意即妙、論理的、情報収集力、詮索好き、おしゃべり、一貫性に欠ける、神経質、飽きっぽい、表層的

♋ **蟹座**（水・感情＋活動宮＋女性宮）
想像力に富む、親切で情が深い、感受性豊か、傷つきやすい、センチメンタル、自己防衛本能、経済観念が発達、生活力旺盛、心配性、身内意識が強い

♌ **獅子座**（火・直観＋不動宮＋男性宮）
明るく朗らか、情熱的、正直で公明正大、創造的、親分肌で気前がいい、無邪気、うぬぼれが強い、純真で裏表がない、豪快で大胆不敵、自己顕示欲がある

♍ **乙女座**（地・感覚＋柔軟宮＋女性宮）
実務能力、細部への注意力、分析的、純粋、勤勉、几帳面、誠実、優れた整理能力、批判精神旺盛、完璧を求め過ぎる、秘書的才能がある、気難しい

♎ **天秤座**（風・思考＋活動宮＋男性宮）
バランス感覚、社交性に富む、愛想がよい、平和主義、協調性、美的感覚、優雅で洗練されている、優柔不断、依頼心が強い、怠惰、人の目を気にする

♏ **蠍座**（水・感情＋不動宮＋女性宮）
不屈の精神力、強い目的意識、洞察力、意志堅固、根本的な変革力、激しい感情、磁力的な魅力、閉鎖的、猜疑心が強い、思い込みが激しい、嫉妬心

♐ **射手座**（火・直観＋柔軟宮＋男性宮）
明るくフランク、冒険好き、旺盛な知識欲、開放的、博識で哲学的、楽観主義、未来志向、おおげさ、熱狂的、見通しが甘い、持続力に欠ける、無責任

♑ **山羊座**（地・感覚＋活動宮＋女性宮）
建設的、慎重、規則正しい、責任感が強い、社会性がある、野心的、忍耐強い、努力家、孤独に強い、悲観的、人を褒めるのが苦手、自他共に厳しい

♒ **水瓶座**（風・思考＋不動宮＋男性宮）
独創的、自由奔放、知的でクール、博愛精神に富む、独立心旺盛、風変わりで偏屈、

理想主義、発明の才、変革精神、束縛を嫌う、観念的で現実性に欠ける

♓ 魚座（水・感情＋柔軟宮＋女性宮）

情緒的、包容力、想像力に富む、ロマンティック、自己犠牲精神、夢見がち、幻想的、純粋さと俗っぽさが同居、自己矛盾、公私混同、現実逃避傾向

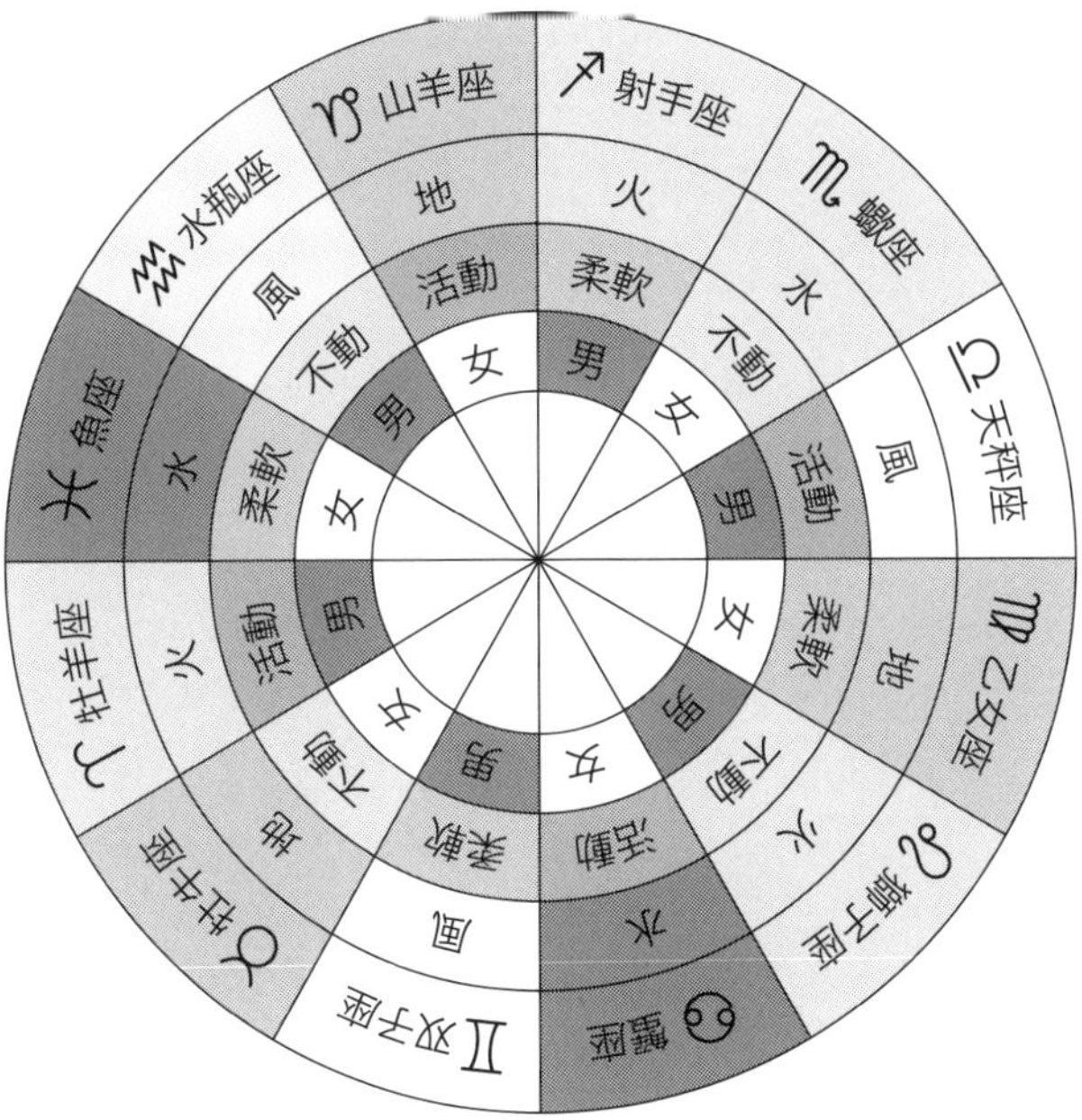

月の星座の調べ方

月は各星座に約2日半、留まります。誕生日さえわかれば、あなたの月星座を調べることができます。ただし一日の間で、月はある星座から次の星座へと移る日があります。その場合は、ある程度正確な誕生時間が必要になります。誕生日をもとにホロスコープを作成するにあたり、フリーの作成ソフトがネットなどで多く出回っています。

これを機会に正確なホロスコープを作ってみるとよいでしょう。おすすめのホロスコープ作成サイトを下記に記しておきます。

ASTRO DIENST（アストロ　ディーンスト）

https://www.astro.com/horoscopes/ja

右記サイトにアクセスし、無料ホロスコープをクリック→ホロスコープ各種チャート作成→出生図、上昇点（アセンダント）をクリック。

出生データを入力しホロスコープが出来上がったら、左側にある惑星の中から☾月の位置する星座をチェック。これであなたの月星座がわかります。

◆母親との出会いとドラマ

月は占星術のみならず、古くから多くの文化において「母親」や「女性性」の象徴でした。筆者がイギリスで学んだ心理学者にして占星術家、ハワード・サスポータス氏は、月の星座に関してとても興味深い説を残しています。

First Love　月はまるで初恋のようなもの

母親という存在は、私たちが生まれて初めて出会う大切な人間関係です。母親がいなければ生まれたての赤ん坊は生きていくことができません。まだ自我に目覚める前の幼少時代。私たちは無意識のうちに、生き延びていくための方法を身につけようとします。それはまさに生存本能とも呼べるものです。この人に気に入られなければ、この人に愛されなければと、子どもは切ないまでに母の愛情を得ようとします。子どもにとって、母との出会いは、まるで初恋のようなものだというのです。あなたのホロスコープの中で、月の星座が意味するものは、初めて出会った大切な人に、どうやったら愛されるのか、つまり愛を得る方法を表しています。

また月の星座は、あなたがどのように母親を見たり、経験したりするか、そして将来どんな親になり、どのように人を育成し、また人に育てられるかをも暗示します。このように月の星座は、あなたの中の女性性のイメージを描写します。

いくつかサンプルを挙げてみましょう。

たとえば月が牡羊座にある子どもは、母親に気に入られるためには「戦って勝つ」必要があると感じ、学校に通う頃になると、勉強やスポーツなどで一番になるために頑張ります。それが母の愛を得る方法だと思い込むわけです。実際の母親がどうであれ、母親があなたに大きな期待を寄せていると思い、人生でハードな戦いに挑んでいくかもしれません。その経験により、あなたが親となったときには、少々押しつけがましい愛情を持ち、競争心に欠ける子どもを叱咤激励するかもしれません。

もし月が蟹座にある子どもなら、母親に気に入られるためには「母の言うことを受容し、母に何かあったら守ってあげなくてはならない」と感じるようになります。蟹座に月がある子どもは、反抗心には欠ける傾向があります。どこまでも母親の要求を受け止めることが、母の愛情を得て、自分自身の心の安定を保つ方法となるでしょう。この人たちが親になると、子どもの世話をすることや家族の絆を深めることにエネルギーを注ぎますが、子どもの自立には心配性から、過保護で過干渉の傾向が出てきます。

このように母親の愛情を得る方法は、月星座の性質により12種類に分けられます。そしてその子どもが大きくなり、他人と関わり、だれかの愛を得たいと思うとき、子ども時代に無意識に培った母の愛を得る方法のパターンを、実際の恋愛関係にも投影するようになるでしょう。これが「月は初恋」と言われる所以《ゆえん》です。

月が牡羊座なら、戦ってライバルに打ち勝つことで愛を得ようとするかもしれません。蟹座に月がある人は、好きな相手をどこまでも受け入れ、許すことで相手の愛を得ようとするように。しかもその方法は、意識的というより、無意識の中に刷り込まれたパターンとして表れます。

さらに言うと、実際にあなたの人生に現れる恋愛相手は、三者三様です。あなたが無意識に考える「愛を得る方法」が、功を奏するかどうかは相手次第。そこに恋愛、ひいては人間関係に悲喜こもごものドラマが生まれます。月の星座の性質や行動パターンを知ることは、あなた自身をより深く理解するきっかけとなるでしょう。

次の第3章では、各月星座（12パターン）の性質を詳しく説明し、それぞれが幼少の頃からどのように母親を見て、人間関係や愛情を育んできたかを探ります。さらには各太陽星座との組み合わせによる特徴も補足し、それぞれの心模様を炙り出していきたいと思います。

月が、火・地・風・水のどのエレメントにあるかで、その人の心理的傾向が見えてきます。「各星座の月」の説明に進む前にそれぞれの特徴を理解しておきましょう。

火の星座（♈牡羊座、♌獅子座、♐射手座）

月星座が牡羊座、獅子座、射手座にある人は、Fire Moon（火の月）生まれ。生命力に満ち、創造的で、何事にも情熱的に取り組むタイプ。本能的に、自分に課せられた限界を超えたいという強い欲求があり、周りから〝特別視〟されたいという気持ちも強い傾向があります。火の月は人生に〝意味〟や〝目的〟を求めます。単調で意味のない日々を過ごすことに対し、本能的な恐れを感じます。好戦的で激情に駆られやすいのも特徴です。その一方で、物事を楽しむセンスを持ち、ドラマティックなことを好むのも特徴。直情型で、日常生活に刺激や心地よい温もりを求めます。

地の星座（♉牡牛座、♍乙女座、♑山羊座）

月星座が、牡牛座、乙女座、山羊座にある人は、Earth Moon（地の月）生まれ。自分の体や五感に深く根を張って、安心できる足場を持つことを好みます。自分の肉体に対する内なる要求に無意識でいると、不安や苦痛が長引くことになります。自分の五感を通じて物事を理解するので、反応が遅い面は否めませんが、心と裏腹なことを言うことはありません。また少々、用心深過ぎる面が顔を出すこともあります。安全であるということ、物事を自分でコントロールしている状態を求めます。日々の生活に自分独自の〝儀式〟（健康や食に関することで）を持っている人は多いでしょう。金銭など目に見える安心材料を求める傾向も。

風の星座（♊双子座、♎天秤座、♒水瓶座）

月星座が、双子座、天秤座、水瓶座にある人は、Air Moon（風の月）生まれ。精神的レベルでの知的な刺激と、会話を必要とする人々です。だれにでも愛想がよく、審美眼があり、軽やか。しかしいつもどこか冷めていて、人間関係では適度な距離を必要とします。社会性があり、社会から孤立すると不安が芽生えます。会話がなく、あっても正直さに欠けるコミュニケーションに彩られた幼少時代を過ごすことほど、苦痛なことはありません。自由を感じること、真実を知ること、物事が公平に行われることを好みます。頭脳明晰でありたいという欲求が、他人と感情的に混ざり合うことを避ける要因にもなっています。

水の星座（♋蟹座、♏蠍座、♓魚座）

月星座が、蟹座、蠍座、魚座にある人は、Water Moon（水の月）生まれ。豊かな情感の持ち主で、周りの人々との感情的な交流を何よりも重要視します。こちらの感情的な投げかけに対し、相手が無反応だと不安を覚えるタイプ。たとえそれが怒りや嫌悪といったネガティブなものだったとしても、無視されたり無反応であるよりはマシと考えます。周りが自分を理解してくれている、気にかけてくれていると感じることを好むのです。物事に感情移入しやすく、無意識的に人の気持ちを操作しようとするところも。何かに属しているという感覚や、人と気持ちが通じ合うことを求めています。

3

それぞれの月星座

牡羊座の月
Moon in Aries

〈キーワード〉

◎外からの刺激に対し、本能的にしてしまうリアクション

何事も熟考するというより、早く反応することに価値を置く。

◎心から幸せを感じること

自分がリーダーシップを取れる状況で、何かに全力投球しているとき。

◎苦手とする状況

自分の弱さを思い知らされること。物事がシロクロはっきりつかない状況。

◎あなたが恐れること

決断できない状況に陥ること。

◎対人面で学ぶこと

人の気持ちに寄り添うこと。周りへの気配りをすること。

◆子ども時代に培われた無意識の性質

あなたがまだ子どもの頃、世界は常に新鮮さに満ちていました。新しい刺激に興奮し、勇気をもって物事に挑戦することに喜びを感じたでしょう。牡羊座に月がある人は、自分が何をしたいか、何が欲しいのかを素早く感じることができます。そして考えるよりも前に、体が動き、行動を始めます。とにかく前に進むことが、この人たちに本能的に備わった性質と言えるでしょう。

しかし前へ前へと進む過程で、実は本当にそれが自分に必要なものかどうか、わからないままに体が動いていることもあります。

月は感情と結びついています。牡羊座の月は、心の中の感情をじっくり味わうというより、自分がどう感じたか即座に反応します。特に「怒り」や「喜び」をストレートに表に出しますが、それが周りにどんな影響を及ぼすか、などと考える余裕はありません。心の中にスイッチがあり、感情が動くと同時にそのスイッチがＯＮになるという感じです。そういう意味では、牡羊座の月に悪気はありません。ときには正直過ぎる物言いで、周りを傷つけてしまうこともありますが、内面は感じやすい子どものままです。自分の言動が引き起こす周りの理不尽な扱いにビックリし、逆に傷ついてしまうこともあるようです。

勇気という言葉は、あなたのためにあるといっても過言ではありません。たとえ一見、おとなしそうな人がいたとしても、ときにはびっくりするような大胆な行動に出て、周りを驚かせたりします。勇気をもって何かに挑戦する、その緊張感をこよなく愛する人々です。牡羊座は占星術でトップに位置する星座。したがって「一番になる」「抜きん出る」という性質が備わっています。

まだ自分が何者かもわからない子ども時代であっても、牡羊座に月がある人は、「個人」としての意識が強く、他の人やものに頼ることが苦手です。だれかの、また何かの助けが必要だと思うだけで、心が穏やかではなくなるのです。

月は本来、自分にとって〝快適で安全〟でいられる方法を示します。牡羊座の支配星は火星であり、そのシンボルはギリシャ神話の戦いの神・アレスです。あなたの中にはアレスが象徴する闘争本能が眠っています。とするとこの月の配置は、〝快適で安全〟というキーワードとは相容れない部分があります。安全な場所を見つけてリラックスしたいのに、心はなぜか次の冒険に思いを馳せてワクワクしてしまったり、わざわざ困難な道を選んで戦いや争いを引き寄せてしまったりするからです。

月が牡羊座にある人は、人生には争いがつきものと考える傾向がありますが、わざわざ自分で争いの種をまく必要はありません。物事の第一印象は大切にしつつ、即座に反応せずに熟考するというレッスンを行ってみましょう。あなたには純粋さと素晴らしい情熱があり、たとえ失敗してもすぐに立ち直れる力が備わっています。

◆人からどう見えるか、また初対面の人への接し方

あなたの第一印象は、それぞれの太陽星座の性質にもよりますが、話を始めるとその特徴が見えてきます。たいていの人は、あなたを「とても正直な人」と見るはずです。気になるテーマには少々前のめり気味に食いつく傾向がありますが、逆に興味が持てないと単に微笑んでいるか、つまらなそうな顔をしてしまうでしょう。初対面の相手にも、気になる相手には自分から話しかけ、相手の連絡先を聞き出しますが、興味のない人にはそれが顔に出てしまうかもしれません。また月が牡羊座にある人は、いつも何かに夢中になっているか、日々の予定がいっぱいで、せかせかとあわただしい雰囲気を漂わせている場合もあります。

◆母親との関係（愛を得る方法）

月は私たちが社会で出会う人間関係をも表しています。生まれたばかりの子どもにとって、母親は世界そのものです。月が牡羊座にある子どもは、目の前にいる自分を愛し、育んでくれる人の期待に応えようと、自分自身を鼓舞するようになります。実際の母親があなたに大きな期待をかけたかどうかはわかりませんが、あなた自身がそう感じたことに意味があるのです。

もしあなたにきょうだいがいれば、その中で抜きん出る存在になることが重要になります。母親に気に入られるためには「戦って勝つ」必要があると感じ、勉強やスポーツなどで一番になるために頑張るでしょう。たとえ一人っ子だとしても、母の愛情を得るためには何かの道でトップをめざすことが自分に与えられた課題だと思うのです。愛情表現はとてもストレートで情熱的です。黙って待っていたのでは、母親＝愛する人の関心を買うことができないからです。月が牡羊座にある人にとって、愛とは戦って勝ち取るものと映るかもしれません。

また月が牡羊座にあると、母親からの愛情を切望する一方で、実際の母親からあまりに盲目的な愛情を注がれると、それを支配と感じて反発してしまう傾向も見られます。「愛してほしいけど、その方法は望まない」というアンビバレントな感情を抱いてしまう場合もあります。

◆人間関係の営み方や愛情の育み方

このような幼少時代の母親との関係は、あなたが成長過程で出会う人間関係に影響を与えます。友だちであれ恋愛対象であれ、自分から思いを告げなくては相手に伝わらないと感じ、まっすぐに相手にアプローチします。あなたにとって他人の存在は、心の中のスクリーンに投影された登場人物のように感じられるかもしれません。「この人ってこういう人」との思い込みが強く、自分が描いたイメージと相手をだぶらせます。牡羊座の月は、正直さと情熱に満ちているため、その思いが伝わればつき合いに発展するでしょう。しかしごく親しい関係になるとリーダーシップを取りたがり、物事を思うように進めたがる傾向があります。またちょっとしたことで怒りを爆発させたり、相手が煮え切らない態度を取るとイライラを募らせたりもしそうです。これは幼少時代の母親との関係に起因しているかもしれません。

また一度思いを遂げてしまうと、つまり相手に「受け入れられた」と感じると、次の興味に関心が移ってしまうこともあるようです。自分には帰る場所があるとわかったうえで、新しい冒険に心が駆り立てられるのでしょう。人間関係の営み方は、自分がどう感じるかが大切であり、相手の本心を探ったり、心の機微に触れたりすることが苦手です。一方的な人間関係ではなく、友人やパートナーがあなたに理解されていると、また必要とされていると感じられるように努力をしてみましょう。そしてすぐにムキにならず、じっくりと絆を深めていけるようにしたいものです。

牡羊座の月はまた、あなたが親になったときの愛情の育み方をも暗示します。かつてあなたが子どもの頃、母親に過剰に期待されていると思い込んだように、あなた自身も同じように少々押しつけがましい親になる傾向があります。子どものためによかれと思って、あれこれ口出しをする恐れもあります。彼らの自立心を促し、ゆっくりと見守っていくようにしたいものです。

〈一人でいるときのふるまい〉

牡羊座の月は、単に「何もしない」状況を好みません。何かをしないより、するほうがましだと考えるからです。たとえば休日に一日、家でゴロゴロ過ごしてしまうと、何か大切なことを逃しているような感覚に陥ります。この月の配置は行動力を授けます。だれにも邪魔されずに、自分のペースでやりたいことをやるという感じです。家で一人で過ごしていても、より快適に過ごすために家を片づけたり、何らかの用事を見つけて動き回っていることが多いでしょう。

〈安心を得るために必要なこと〉

退屈な環境に身を置くほど、あなたを「不安」にさせるものはありません。どうやったら自分や自分の周りが生き生きと活気づくかを考え、行動に移すでしょう。今、手がけていることが動き始める、また明るい未来が垣間《かいま》見《み》えると、あなたの心は躍り、そしてそれが「安心」につながります。

〈適性〉

牡羊座の月は「直観」やパイオニア精神に優れています。企画やアイデアが勝負とされる分野に適性があるでしょう。またじっと動かない業種より、アクティブに動ける業種、たとえばスポーツ関連、負けず嫌いなので「闘争心」が生かせる業種、そしてチャレンジ精神にもあふれるので、未知の分野の先駆者をめざすのもよいでしょう。

〈ストレス解消法〉

勝ち負けのあるゲーム、アウトドア系レジャー、家の断捨離、自然を満喫できる旅行。

〈健康〉

若々しくアクティブなので、健康に恵まれる人が多いでしょう。ただし支配星、火星の影響を受けるので、事故やケガなどには注意が必要です。また牡羊座は頭部を支配するので、慢性的な頭痛や歯痛、熱病、不眠症などにも気をつけて。

◆太陽星座と月星座との組み合わせ

太陽の星座が示す基本的な性格と、月の星座が表す普段の生活における習慣的な態度やふるまい、子ども時代に培われた無意識の性質や感情の本質がどのように作用し合うかを見ていきましょう。

〈太陽星座〉

♈ **牡羊座**

太陽と月が同じ星座にあるということは、新月前後の生まれです。チャレンジ精神が旺盛で、どの星座の太陽よりも物事を始める力に富む人です。自分の中の激しさや落ち着きのなさを、あまり自覚していない傾向があります。

♉ **牡牛座**

自分の大切なもの、また落ち着いた状況を侵害しようとする人に、怒りの矛先が向けられます。安定志向の太陽と、常に何か新しい刺激を求める月との間に、葛藤があります。豊かな生活を手に入れるためのビジネス手腕が備わっています。

♊ **双子座**

情報処理能力に優れた人。常に何か〝新しいもの〟を探していて、世の中の動きにも敏感です。情熱的でありながら、どこか醒めた視点も兼ね備えています。興味の対象が次々と替わるので、持続力には欠ける傾向があります。

♋ **蟹座**

ディフェンス能力に優れています。大切な家族や生活の安全を「守る」ためには全力で戦うでしょう。繊細でありながら、ときどき周りをびっくりさせるような大胆な行動に出ます。カッとなりやすく、その後は落ち込む傾向が。

♌ **獅子座**

元気でパワフル、いい意味で「鈍感力」があります。自分のプライドを傷つけられると、徹底的に戦います。リーダーシップに優れ、部下をやる気にさせる才能の持ち主。常に前向きですが、時には後ろを振り返ることも大切かも。

♍ 乙女座

分析、調査能力があり、興味を持った事柄は徹底的に調べ上げるでしょう。常にやるべき何かを見つけてしまうので、心からリラックスすることが苦手です。あまり有能ではない人や、いい加減な人への怒りを内に秘めています。

♎ 天秤座

周りとの調和を重んじる一方で、正直に生きたいという願望があり、自己矛盾を抱えやすい組み合わせ。太陽と月が正反対の星座に位置するということは、満月前後の生まれです。自分の中の激しさと上手につき合う方法を見つけましょう。

♏ 蠍座

牡羊座の月は持続力に欠ける傾向がありますが、この組み合わせでは粘り強さが加わります。何事も徹底的にやり尽くす不屈の精神力があります。深く激しい感情は、裏切りを感じると爆発します。人を許すことも大切です。

♐ 射手座

明るくポジティブで、何事にも情熱的に取り組みます。常に新しい何かを求めていて、「理想」のために戦える人です。無自覚に周りを煽る傾向があります。ある計画に人を巻き込んでおいて、その後、自分は興味を失ってしまうことも。

♑ **山羊座**

人生で確固とした業績を残したいという願望があります。情熱的に物事に取り組み、それを成し遂げた後に、なぜか満足感が得られないのは、さらなる高みを見ているからでしょう。立ち止まってリラックスすることも大切です。

♒ **水瓶座**

水瓶座の博愛主義と、牡羊座の熱狂性が結びつくと、社会的なリーダーシップを発揮できる組み合わせです。自分の精神的な自由を侵害されると、戦闘モードになるかもしれません。突然、思いつきで突飛な行動に出ることもあります。

♓ **魚座**

傷つきやすさと大胆さを兼ね備えたキャラクター。自分のためというより、だれかのために戦える人ですが、それが何かの代償行為である場合もあります。自分の欲求に素直になり、情熱的な牡羊座の月をうまく使えるようになりましょう。

牡牛座の月

Moon in Taurus

〈キーワード〉

◎**外からの刺激に対し、本能的にしてしまうリアクション**

物事をまず五感で受け止めてよく味わうため、反応は常に慎重。

◎**心から幸せを感じること**

心身共にストレスがなく、美しいものや美味しい食べ物に囲まれているとき。

◎**苦手とする状況**

急な予定変更に素早く対処せざるを得ないとき。

◎**あなたが恐れること**

大切にしているものやあなたの所有物が、なくなったり奪われたりすること。

◎**対人面で学ぶこと**

マイペースもほどほどに。人の意見を実際に取り入れてみること。

◆子ども時代に培われた無意識の性質

あなたの子ども時代は、鮮やかな五感の記憶に彩られています。色彩を伴う風景、風が運ぶある香り、遠くで聞こえる音楽、今でも懐かしいと思う味、そして肌に触れる寝具の柔らかさなど……。まだ言葉を覚える前の記憶は、常に五感を通じて甦ってくるでしょう。月が牡牛座にある人は、世界を皮膚感覚でとらえます。よく見てよく味わう。そのため外から見ると「おっとりしている」「反応が遅い」というように思われがちです。何事も体の感覚を通じて、まず受け止める人々だからです。

月は感情と深く関わっていますが、牡牛座に月がある人は、体に感じる「快適」「不快」を判断基準に、感情を発達させていきます。心地よさをもたらすものや人を「愛おしい」と思い、心身に苦痛を感じるものを忌み嫌うでしょう。また安定した状況を壊す相手に怒りを覚え、大切なものを失くした感覚に、さらに深い悲しみを募らせます。

伝統的な占星術によると、各惑星には居心地のよい星座と、そうではない星座があります。月にとって牡牛座という星座空間は、「高揚の座（エグザルテーション）」に当たり、月が持つ性質を最大限に発揮できる位置です。地に足がついていて、自分が何を欲するか、何が自分を幸せにするのかを、本能的に察知することができます。そのため、やることはスローペースでも確実性があり、人からも信頼されるでしょう。また明るく穏やかでおっとりとした性質は、周りの人々を安心させ、リラックスさせる力があるようです。しかし最も基本的な本能は、自分自身を守ることに向けられます。自分が安定している場合は、他人をいたわる余裕がありますが、自分が不安定な状態に陥ると、周りの人への関心は薄れ、ひたすら自己保身に走るようになります。そうなると「変わらないこと」が最善の策となり、活発で反応の早い人々から見ると保守的で著しく頑固な人と映るようです。

自分が〝快適で安全〟でいられる方法を、月は表します。牡牛座の支配星は金星であり、そのシンボルはギリシャ神話の美の女神・アフロディーテです。あなたの中にはアフロディーテが象徴する、人間関係の中で調和を保ち、調整しようとする心の欲求や、快適で安全な暮らしを支える金銭への欲求があります。単純に言えば、銀行に充分な預金があり、家には食べ物、そして快適な眠りを与えてくれる気持ちのいいベッドがあれば、とりあえず笑顔でいられる人なのです。あなたの太陽星座が「人はパンのみにて生くるものにあらず。危険を顧みず冒険したい」と願うなら、牡牛座の月は不安に感じて抵抗するでしょう。とはいえ、よりレベルの高い〝快適で安全〟な生活に目覚めたときは、覚悟を決めて自分から変化を起こすことになるはずです。

◆人からどう見えるか、また初対面の人への接し方

それぞれの太陽星座の性質にもよりますが、月が牡牛座にある人の第一印象は、穏

やかで落ち着いた人と映るでしょう。大勢の中でのふるまいは、率先して話をするというより、一歩引いたところでニコニコと微笑んでいるという感じです。まずこの場が自分にふさわしいかどうか、場の雰囲気を読みます。居心地の悪さを感じている場合は、どこか心ここにあらずで、不安げな表情が見て取れます。出会った相手が自分に危害を加えないと判断したら、おずおずと話を始め、興が乗ったら一気に距離を詰めてくるでしょう。またこの月の位置は美的感覚をもたらすので、センスのいい人という印象も与えます。

◆母親との関係（愛を得る方法）

月の星座の性質は、私たちがこの世で出会う初めての人間、つまり母親との関係を象徴しています。一人で生きていくことができない、生まれたばかりの赤ん坊にとって、母親は命綱のようなもの。月が牡牛座にある子どもは、自分を愛し育んでくれる母親のそばにいたい、離れたくないという思いが強く、スキンシップを求めます。母親に抱かれ、優しく体に触れられることで安心します。もしあなたにきょうだいがいれば、その中でだれよりも可愛いと思う子どもになるために、無意識にあなた自身の魅力を際立たせようとします。ほかのきょうだいが遊びに夢中になっているときでも、自分は母親のそばにいて、ときには疲れた母の背中をそっと撫でてあげるといった優しさを見せる子どもだったりします。

母親の関心が自分に向くと安心し、「お母さんは私だけのもの」という所有欲に早くから目覚める傾向があります。愛情表現は、そばにいて触れ合うことであり、それが大人になると官能性をも発達させていきます。月が牡牛座にある人にとって、愛とは感覚的に満たされて安心感を得るものなのかもしれません。しかし実際には母親が子どもとのスキンシップを望まなかったり、感情の起伏が激しく、それに振り回されたりすると、安定した情緒を築くことが困難になります。すると極端な物質主義に傾き、モノを贈ったり贈られたりすることで、愛情を測るようになるでしょう。

◆人間関係の営み方や愛情の育み方

子ども時代の母親との関係は、あなたが大人になってから出会う人々とのつき合いにも影響を及ぼします。月が牡牛座にあると、対人関係でリーダーシップを取ることは稀です。友だちであれ恋愛対象であれ、好ましいと感じる人が現れても、すぐには接近せずに相手と一緒にいるときの心地よさや温かみなどを、まずじっくりと味わうでしょう。

「好き」という感情に気づくまでに時間がかかる人もいます。「なんだか気になる」「一緒にいると落ち着く」という感覚が先にあり、それがやがて恋愛感情に発展する場合もあるからです。牡牛座の月には相手の警戒心を解き、くつろがせる不思議な力があります。気になる人へのアプローチは、言葉で相手を魅了するというより、独特な存在感であなた自身を相手に印象づけるでしょう。そしてごく親しい関係になると緊張感を失い、面倒くさがり屋で怠惰な面が見え隠れしてきます。相手を信頼し大切に思っていても、「雨が降っているからデートに出かけるのは億劫だ」というように自分の身体感覚に正直です。あなたが幸せになるためには、肉体的、経済的、精神的なよりどころが必要で、それこそ幼少期のあなたが母親に求めたものです。子ども時代の母親への要求は、あなたが愛する人にも投影されます。この人は本当に自分に価値があるのか、私が求める安心感を与えてくれるだろうか。また経済的にも支えとなってくれるだろうか、とあなたの心は揺れ動きます。最良の場合は、変わらぬ愛情を捧げてくれるパートナーを見つけて、精神的にも物質的にも満たされて生きることにほかなりません。牡牛座の月はまた、あなたが親になったときの愛情の育み方をも暗示します。あなた自身が満たされた人生を送っている場合、子どもに対して惜しみない愛情を注ぎ、経済的な面での援助も厭《いと》いません。しかしそうでない場合は、我が子を独占欲でがんじがらめにし、子どもの安全を守るという大義名分のもと、保守的で自立を邪魔する親になる傾向もあります。子どもはあなたの所有物ではないということを、肝に銘じておきましょう。

〈一人でいるときのふるまい〉

だれにも気を使わずにゆったりと過ごすことを、牡牛座の月は望みます。おそらく自宅にはあなた専用のスペースがあり、お気に入りのソファや椅子、またはベッドが、至福の時間を与えてくれます。肌触りのよいタオルやシーツも、あなたの生活には欠かせません。人に会わない日は、夕方までパジャマで過ごすこともありそうです。好きな音楽をかけ趣味に没頭していると、いつしか時間を忘れます。精神的にも肉体的にも、「快適」であることがキーワード。

〈安心を得るために必要なこと〉

人生で遭遇するあらゆるリスクを、できるだけ回避したいと願います。それには病気をせずに健康でいること、金銭面で生活の不安がないことが大切です。また人間関係が穏やかで安定していることも、幸せの条件です。争い事は最も苦手とすることですが、あなたの「安心」を脅かす人とは徹底的に戦います。

〈適性〉

生活に不安がないことが、牡牛座の月には何よりも大切です。安定性を追求するのなら公務員などの仕事環境がベストですが、銀行や証券会社などの金融関係、また不動産にも適性があります。審美眼があり、芸術、特に立体的な美を追求する分野（建築や陶芸、インテリア）、また豊かな五感を発揮できる職業分野（音楽や食など）にも、才能があります。

〈ストレス解消法〉

体に感じる「不快さ」が、あなたの気分を落ち込ませます。マッサージや整体、アロマテラピーでリラックスを。美味しいものを食べに行くのも、最高のストレス解消法です。

〈健康〉

牡牛座が支配する体の部位は、喉や首、甲状腺です。扁桃腺炎や肩こりに気をつけましょう。中年以降、甲状腺機能の異常が見られる場合もあります。また支配星、金星の影響を受けるので、美食による肥満も見られます。ストレスが続くと、感覚器官が悲鳴を上げます。ストレス性難聴などにも注意。

◆太陽星座と月星座との組み合わせ

太陽の星座が示す基本的な性格と、月の星座が表す普段の生活における習慣的な態度やふるまい、子ども時代に培われた無意識の性質や感情の本質がどのように作用し合うかを見ていきましょう。

〈太陽星座〉

♈ **牡羊座**

一見おっとりとしていますが、人生目標が定まると一直線に進む勇気と情熱の持ち主。自分の存在を確認したい、という欲求があなたを冒険へと駆り立てますが、安全志向の月がそれを抑える傾向も。ある意味、危機管理能力に優れる組み合わせ。

♉ **牡牛座**

太陽と月が同じ星座にあると、新月前後の生まれです。五感の働きに優れ、物事を頭ではなく感覚でとらえるタイプ。非常にマイペースで表面的には穏やかですが、内面はとても頑固。やることには確実性がありますがペースはゆっくり。

♊ **双子座**

好奇心旺盛で少々、頭でっかちな面があります。太陽のスピーディーな欲求に牡牛座の月はついて行けず、自分の中にジレンマを抱える傾向が。それでも快適な生活や美味しい食べ物に囲まれていると「ま、いいか」と自分で自分を納得させる才能あり。

♋ **蟹座**

感受性が豊かで心配性な蟹座の情緒を、牡牛座の月は安定させる力があります。この組み合わせは「名よりも実を取る」という感覚に長けているので、経済観念にも恵まれます。非常に落ち着いた人ですが、現状を打破する力は弱められます。

♌ 獅子座

一見おとなしげでも、妙に存在感があります。獅子座の自己表現欲求と、「安定した人生を送りたい」と願う牡牛座の月が、矛盾せずに強力にタッグを組める方法を模索したいものです。マイペースで頑固な面が強調される組み合わせ。

♍ 乙女座

仕事というスイッチが入ると、乙女座の分析力や事務処理能力を発揮。真面目で有能だとの評価を得るものの、気分は常に「働きたくない」「のんびりしたい」だったりします。共に地の星座なので、現実的でやることには確実性があります。

♎ 天秤座

天秤座と牡牛座の共通点は、平和主義で「人生を楽しみたい」と願うところです。ただし大切な人間関係であっても適度な距離を保ちたい天秤座に対し、牡牛座の月は「そばにいないと安心できない」と感じるので、自己矛盾を抱えがち。

♏ 蠍座

好きなことなら寝食を忘れるほど没頭してしまう蠍座ですが、快適さを優先する月がブレーキの役割となり、常に完全燃焼しきれない不満が残る組み合わせ。満月前後の生まれになりますが、熾火《おきび》のようにくすぶる思いを、解消する方法を探りましょう。

♐ **射手座**

いつも新しい刺激を求め、平凡な日常に埋もれたくないという思いが強いでしょう。しかしいざ冒険へと踏み出すと「大丈夫？　危なくない？」と牡牛座の月がブレーキをかけることもしばしば。理想と現実との狭間で揺れ動くことが多い組み合わせ。

♑ **山羊座**

社会の中で自分の地位を確立したいと願う山羊座は、ハードワークを厭いません。牡牛座の月はもっと感覚的な楽しみを優先するので、働き者と怠け者があなたの中では同居しています。月がもたらす美意識を、仕事に生かす工夫を考えて。

♒ **水瓶座**

風のように自由で、理想の世界を追い求めるあなたですが、安全で快適さを求める月が現実の世界にあなたを連れ戻します。自己矛盾を抱えやすい組み合わせですが、湧き上がる独創的なアイデアを、五感を通じて表現できる方法を探りましょう。

♓ **魚座**

あなたの中には、ロマンティストとリアリストが同居しています。一見、非現実的な夢を描いているようで、案外、現実的な落としどころを牡牛座の月が選択するのかもしれません。寂しがり屋のくせに、人に合わせるのは面倒くさいという一面もあり。

双子座の月

Moon in Gemini

〈キーワード〉

◎外からの刺激に対し、本能的にしてしまうリアクション

サービス精神が旺盛で、相手によってカメレオン的に対応を変える。

◎心から幸せを感じること

あくなき好奇心が満たされた瞬間や楽しい会話のキャッチボールが続くとき。

◎苦手とする状況

気まずい沈黙が続くこと。退屈な作業の繰り返し。

◎あなたが恐れること

周りから〝忘れられた存在〟になってしまうこと。

◎対人面で学ぶこと

浅い理解ではなく、人とちゃんと向き合うこと。人の話を最後まで聞かずにしゃべり始めない。

◆子ども時代に培われた無意識の性質

言葉は、月が双子座にある人にとって重要なコミュニケーションツールです。まだ言葉を覚える前の段階であっても、外からの刺激を受け、適応し学習することで脳内シナプスは増え続けます。母親が自分を呼ぶ声や発する言葉を聞き、あらゆるものに名前があることを知ったでしょう。双子座の才能のひとつに「模倣」があります。言葉の発達は、まず母親の発する言葉を「模倣」することから始まりました。

あなたの子ども時代は、見るものすべてが新鮮で、あらゆるものを「知りたい」という衝動があったでしょう。母親の投げかけた言葉を〝木霊《こだま》のように返す〟ことに、興奮を覚えたかもしれません。双子座に月がある子どもは、言葉を覚えるスピードが速く、概しておしゃべりです。

月は感情と結びついていますが、双子座の月は心の中にある感情に気づく前に、しゃべり始めてしまいます。素早く反応することに重きを置いており、ときには心にもないことを口走ってしまうこともあります。月はまた生存本能にも関わります。この人たちにとって、生きることは好奇心を満たすことなので、気になる対象を見つけると絶えず動き回り、大人を質問攻めにします。子ども時代は情緒を発達させるよりも、新しいことや未知のものを知ることへの興味が優先し、ある意味、人の気持ちには無頓着です。とはいえ、その場の雰囲気を読むことは得意なので、周りを喜ばせようとおどけて見せたり、面白いことを言って笑わせたりするでしょう。自分の深い感情に触れずに、表層的な部分でコミュニケーションをしていたほうが、傷つかずに済むからです。人と一緒にいるとき、双子座の月はサービス精神があり、とても饒舌ですが、一人のときは案外、鬱々としていて無口な面もあります。それでも感情に流されることはめったにありません。気持ちを論理的に整理するクールさを兼ね備えています。

自分が〝快適で安全〟でいられる方法を、月は暗示します。双子座の支配星は水星であり、そのシンボルは、知識の鍵を持ち、神々の間を軽やかに移動するメッセンジャー、ヘルメスです。知的好奇心を満たしつつ、どこにも属さない軽やかさを保つこと。そして常に変化し続けることで、あなたは安心感を得ます。停滞し、退屈し、澱んでしまうことこそ、あなたが恐れることなのでしょう。気が動転したり、不安が心の中で膨れ上がったときは、言葉と共に〝心の傷〟が流れてしまうまで、しゃべり続けるというのが最大の治療法かもしれません。

子ども時代から面白くて利発なあなたでしたが、興味の対象がくるくる替わるので、集中力が続かないことが弱点です。できれば学びを深め、ひとつのことを最後まで突き詰めてみると、新しい景色が見えてくるはずです。

◆人からどう見えるか、また初対面の人への接し方

太陽星座の性質が表れている人もいますが、人は無意識に月星座の雰囲気を醸し出しているものです。月が双子座にある人は、しゃべり始めると、その特徴が見えてきます。第一印象は、親しみやすくユーモアのセンスがあります。特に社交の場では、時事ネタから芸能、ファッションに至るまで話題が豊富で、人を飽きさせません。退屈な場も、機転を利かせて盛り上げることができるので、潤滑油の役割を果たすでしょう。初対面の相手に、「この人と気が合う」と錯覚を起こさせる罪作りな人でもあります。会話のキャッチボールをゲーム感覚で楽しむという感じで、話し相手その人にはそれほど興味がない場合もあります。快活で表情も豊かなので、若々しい印象を人に与えます。

◆母親との関係（愛を得る方法）

月の星座の性質は、この世に生を受けて初めて出会う母親との関係を暗示しています。月が双子座にある子どもにとって、母という存在は、人生で初めて出会う疑問符だったかもしれません。「この人は何者か？」と自分を愛し育んでくれる母親を、不思議そうに眺めたことでしょう。言葉を覚え始めると、双子座の月は本領を発揮し始めます。父親やほかの家族がいる中で、母親の愛情や関心を自分に向けるためには、「才気煥発」だったり「面白い子」である必要がありました。どんなことを言えば母親が笑い面白がるか、何をすれば母親が一目置いてくれるのかを、経験を通じて学習したかもしれません。やがて親子でありながら、あなたの中では母親も一人の人間だという感覚が芽生え、言葉を通じて理解したいと願い、また母親からも「わかってもらいたい」と思うようになります。月が双子座にある人にとって、愛とは相手を飽きさせないことであり、心から理解し合うことです。

自立心も早く芽生えることが多く、実際に母親が子離れできないと、彼女から「自由になりたい」「精神的に距離を置きたい」と願うようになります。この窮屈な関係が大人になってからの恋愛に投影されると、相手が所有欲を見せ始めた途端に、一気に愛情が覚めてしまうという事態を招きます。

◆人間関係の営み方や愛情の育み方

幼少時代の母親との関係は、あなたが大きくなってから出会う人間関係に影響を及ぼします。月が双子座にある人はとてもフランクで、人見知りすることはありません。人に関心を持ってもらうことにエネルギーを費やすようなところがあります。たとえばパーティなどの人が集まる場所に出向くと、多くの人とつながりを作ることで「安心」したり「快適さ」を感じたりするからです。

友人知人の数も多く、複数のグループにも自然に溶け込むことができますが、どこか飄々としていて、自由な雰囲気を漂わせています。

もっと個人的に気になる人がいたら、まず観察し、どんなことに興味があるか探りを入れ、その人が喜びそうなトピックを用意して話をする機会をつくります。見事に相手があなたの話に乗ってきたら、心の中で「ビンゴ！」と叫びたい気持ちになるでしょう。サービス精神が旺盛で、つい相手を喜ばせたり、話を盛り上げたりしてしまうので、浮気な印象を与えることは否めません。これは子ども時代に母親の愛情を得ようとして知恵を絞った名残なのかもしれません。

それでもつき合いを深め、「本当の心の触れ合い」があった相手とは、その関係をどこまでも大切にします。ただしパートナーとなっても、精神的な刺激は常に必要です。幅広い交友関係や情報収集ができそうな友人たちとのつき合いを断つことはできません。約束事に縛られるのも苦手だし、束縛にも耐えられないでしょう。最良の相手は、知的興味を共有できて、あなたを信頼し自由にさせてくれる人です。

双子座の月はまた、あなたが親になったときの愛情の育み方をも暗示します。いつまでも気持ちが若いあなたは、子どもたちのよき理解者でありたいと願うでしょう。まるで友だちのように一緒に遊んだり、成長したりしたいのです。ただしスキンシップを求め、べったりと甘えたい子どもにとって、あなたは薄情な親と映ります。また発育・知育の遅い子どもを、じっくり待つ忍耐力も必要です。

〈一人でいるときのふるまい〉

人と一緒にいるときのあなたは、頭の回転が速く、ユーモアのセンスにあふれています。常にその場の状況を把握して、臨機応変に対応しますが、一人でいるときは外からの刺激に反応する必要がないため、物静かで無口な一面をのぞかせます。外の世界で神経を使い過ぎるので、一人になると、まるで別人のように暗い感じを漂わせている人もいます。しかし気分が変わりやすいので、それも長続きはしません。物理的には一人でも、〝世界とつながっている感〟が、あなたを安心させます。ネットは常時接続で、情報収集には余念がありません。

〈安心を得るために必要なこと〉

自分が世界から取り残されてしまったら……。そんな想像ほどあなたを不安にさせるものはありません。双子座の月が安心するには、情報のアップデートや、人とのつながりは必要不可欠です。ただし人間関係は自由で流動的。ほどよい距離があってこそ、冷静に自分の気持ちや状況を判断することができます。

〈適性〉

知的好奇心が旺盛で柔軟性に富み、多芸多才です。手先が器用で何事も飲み込みが早いので、幅広い分野での活躍が期待できます。とはいえ飽きっぽく集中力が続かないのが欠点です。出版、報道、流通、販売、情報などの分野に興味があります。マルチ人間なので、ふたつの仕事をかけ持ちすることで、バランスが取れる場合も。

〈ストレス解消法〉

「知ること」はこの人たちにとって大きな喜びです。ネットサーフィンやＳＮＳは、退屈な気分を払拭してくれます。また目新しいイベントやアトラクションに参加するのもストレス解消になります。

〈健康〉

月が双子座にある人は、いくつになっても好奇心を失わないので、気が若い人が多いでしょう。双子座が支配する体の部位は、呼吸器や神経なので、気管支炎や神経の緊張からくる不眠症やストレス性疾患に注意。定期的にスマホやタブレットから離れる、デジタルデトックスデーを作ってみては。

◆太陽星座と月星座との組み合わせ

太陽の星座が示す子ども時代に培われた無意識の性質や感情の本質がどのように作用し合うかを見ていきましょう。

〈太陽星座〉

♈ 牡羊座

常に好奇心のアンテナを張り巡らせているのは、情熱を傾けられるものを探しているからでしょう。一見、冷静でいて、その中には炎のようなエネルギーが隠されています。旺盛な知識は、目的達成のための武器として使われます。

♉ 牡牛座

心地よく安定した生活を望む太陽と、常に情報をアップデートしたい月。そのテンポの違いが、しばしあなたを悩ませます。自分の中の「楽園」を守るための手段として、月の社交性や豊富な知識欲を役立ててみてはどうでしょう。

♊ 双子座

新月前後の生まれです。考えることも行動もスピーディーなあなたは、まるで守護星である水星の申し子です。鋭い知性や高いコミュニケーション能力があなたの武器ですが、常に気が張り詰めていて、〝策士、策に溺れる〟傾向が。

♋ 蟹座

想像力豊かな蟹座と知識欲旺盛な双子座の月の組み合わせはメディア・文筆関係の才能に恵まれます。「もし～だったら」と想像が妄想に傾くと、「不安」を打ち消すためにしゃべり続けてしまう傾向が。相手を楽しませたいとのサービス精神も旺盛。

♌ 獅子座

明るく快活で好奇心も旺盛。精神的な刺激となる興味の対象を常に求めてしまうので、一見、浮気な印象を人に与えますが、獅子座の太陽はどっしりとしていて信頼性があります。寂しがり屋の一面があり、常に話し相手を求める傾向も。

♍ 乙女座

乙女座と双子座は共に支配星が水星です。細部への注意力と情報収集力に優れますが、常に神経が張り詰めていてストレスが体に出やすいタイプ。単に「知ること」を楽しむ月と、目に見える確証を欲しがる太陽に折り合いをつけることが大切。

♎ 天秤座

共に風の星座なので、この組み合わせは社交的で軽やかな人物をつくり上げます。友人知人が多く、どんなグループにもうまく溶け込む才能の持ち主ですが、実はどこのグループにも属したくないのが本音。平和主義でだれからも嫌われたくない人です。

♏ 蠍座

双子座の月は知識を〝広く浅く〟求めますが、ストライクゾーンの狭い蠍座の太陽は、その中から心底ハマれるテーマを見つけ出すでしょう。軽やかでコケティッシュな雰囲気を漂わせていますが、「裏切りは許さない」という激しい一面も。

♐ 射手座

射手座と双子座は共に柔軟宮で二重性の宮。クルクルとよく動く頭脳と、野性的なワイルドさを兼ね備えていますが、気が変わりやすく、自分で自分が信用できない面もあり。人生は「信頼できる思想」を探す旅のようです。

♑ **山羊座**

現実社会で認められたいと願う太陽に対し、気まぐれな風の星座の月は「面白いかどうか」が物事の判断基準です。手堅い仕事に従事しながら、多趣味でミーハーな月が上手に気分転換を図るという構図なら、両方の性質を実社会で生かせそう。

♒ **水瓶座**

次から次へと興味の対象が替わりますが、博愛主義で人間観察への鋭い洞察力を備えています。共に風の星座なので、知的好奇心が旺盛ですが、対人関係はあっさりとしていて群れを作ることを好みません。なれなれしく距離を詰めてくる人が苦手。

♓ **魚座**

双子座の月は人や約束事などに縛られず、自由に考え行動したいと願いますが、感受性豊かで自己犠牲精神がある魚座の太陽が、「ＮＯ」と言えずに面倒を引き受けてしまいそう。アートと科学の才能がある一方、気まぐれで飽きっぽい一面も。

蟹座の月

Moon in Cancer

〈キーワード〉

◎外からの刺激に対し、本能的にしてしまうリアクション

繊細さを守るための自己防衛本能が働き、タフさを装ったりする。

◎心から幸せを感じること

家族や親しい人と深い絆でつながっていると感じるとき。また幸せな記憶に通ずるものに囲まれているとき。

◎苦手とする状況

知っている人がだれもいない場所（パーティ会場など）に長居しなくてはならないとき。

◎あなたが恐れること

大切な人や味方だと思っていた人から、突然、拒絶されること。

◎対人面で学ぶこと

その場の雰囲気に影響されやすいので、人に感情移入し過ぎないこと。

◆子ども時代に培われた無意識の性質

あなたの子ども時代の記憶は、色鮮やかな映像として心の奥の秘密の小箱にしまわれています。大人になっても時折、何かの拍子にある映像が浮かび上がり、そのときの感情が甦ってきます。月が蟹座にある人は記憶力がよく、数々の記憶に付随する喜怒哀楽の感情を反芻しながら生きています。そもそも占星術では、月は「女性性」や「母親」を象徴し、蟹座の支配星は月そのものです。どの星座に位置する月よりも、蟹座に月がある人は、感受性が豊かで母性（人を育む能力）に恵まれた人と言えるでしょう。月は感情と深く関わっています。蟹座に月がある人は、まるで月が三日月から上弦、そして満月とその姿を変えるように、感情が激しく変化する傾向があります。人の影響を受けやすく、その場のムードが伝染して、明るく感情が高揚したかと思うと、容易に悲しみに沈んだりして、自分でもその気分の移り変わりを持て余すようなところがあります。また相手の何げない反応に自分の想像を足して、ショートストーリーを紡ぎ出すのも得意です。とはいえ漠然とした不安に支配されるときは、自分の否定的な空想がどこから来るのかを、冷静に考えてみる必要があるでしょう。月が蟹座にある人は、その豊かな想像力をネガティブな空想ではなく、もっと発展的なヴィジョンとして展開できるようになると、心が軽くなります。

蟹座の月の最も基本的な本能は、「だれかに庇護されたい」もしくは「だれかの世話を焼きたい」というものです。常に自分を優しくいたわってくれる相手を求めたり、その逆に自分を必要としてくれる人を探したりします。前者の場合は「無力な子ども」を、また後者の場合は「母親」の役割を演じながら、人と親密になりたいという欲求を満たすわけです。これを意識的に行うのならよいのですが、無意識に人を操り、自分に依存させてしまうこともあると覚えておきましょう。月はまた、自分が〝快適で安全〟でいられる方法を表します。蟹座の支配星は月そのもの。神話に多く登場する月の女神たちは女性性を体現しています。家庭や会社、あるコミュニティなど、どこかに属しているという意識が、あなたを安心させ落ち着かせてくれます。この人たちにとって、「家」は危険から身を守るシェルターのようなものです。

蟹座に月があると、周囲に自分の気持ちを以心伝心で汲み取ってもらいたいと思う傾向があります。このさりげないアピールがうまくいかないと、この人たちはものすごく不機嫌になります。自分を憐れんでお酒や食べ物に慰めを求めたりする場合もあります。「世話を焼く」もしくは「世話を焼かれる」関係ではなく、もっと対等な人間関係を築けるように努力してみましょう。

◆人からどう見えるか、また初対面の人への接し方

太陽星座の性質にもよりますが、蟹座に月がある人の第一印象には特徴があります。

まず知り合いがだれもいない場所では、蟹がその硬い甲羅で身を守るように、傷つきやすい心を隠す傾向があり、少々不愛想な感じがするかもしれません。話し相手が自分に好意的だとわかると、徐々にその硬さもほぐれていきます。実はとても人懐っこい性質なので、環境に溶け込み、一緒にいる人々をケアしたり助けたりするのが好きなのです。信頼できる人々に初対面の人を紹介された場合は、人見知りしつつもにこやかに微笑み、率先して飲み物を取りに行ってくれたりします。人々の要求に対し敏感でいることが、蟹座の月の人にとって心地よいことだからです。

◆母親との関係（愛を得る方法）

私たち人間は、丸裸の状態でこの世に生を受けます。生まれたばかりの赤ん坊には、依存できる母親、またはその代理となる存在が必要です。幼少期に命綱となる母親に対して感情的な執着が生まれるのは当たり前のことです。月が蟹座にある子どもは、おそらくどの星座に月がある子どもよりも、母親が絶対的な存在になります。母親に気に入られるためには、母の言うことをどこまでも受容するよい子でいなければならないと考えます。成長するにつれ、「母親に何かあったら、自分が守ってあげなくてはならない」と感じるようになります。もしあなたにきょうだいがいれば、彼らの世話役を買って出るでしょう。その反対に、きょうだいに愛される末っ子の役割を選ぶ人もいます。世話を焼いたり焼かれたりすることが、愛情において重要になります。また母親の愛情を得るためには、母と一心同体である必要があると考えます。母親がよしとする「子ども像」から外れないように、また母親の期待を裏切らないことが愛される方法と思い込み、期待に応えられないと罪悪感を抱くことになります。実際の母親の性格や教育方針などは人それぞれですが、蟹座の月は母親の要求を受け止めることを無意識に自分に課し、その呪縛に大人になってからも囚われます。この人たちにとって、愛とは包容力で相手を全面的に受け入れることなのでしょう。

◆人間関係の営み方や愛情の育み方

子ども時代の母親との関係は、あなたが成長してから出会う人間関係に影響を及ぼします。幼少期は、母親が世界の中心でした。自分を全面的に受け止め、育んでくれた母親との関係が、人づき合いのロールモデルになります。蟹座の月は人と交流するというより、人に懐くタイプと言えるでしょう。内気な一面がありますが、親しくなると人懐っこく、親切で世話好きです。

人間関係を「身内」と「それ以外」に分ける傾向があり、家族も同然と思える人には、どこまでも優しく尽くします。好きな人には徹底的にえこひいきしたくなるのに、「それ以外」の人々には、案外、冷たいところもあります。

想像力が豊かで、本能的に人の気持ちやムードを察知することができますが、逆にそれがあなたを苦しめることもあります。相手の何げないしぐさや雰囲気に敏感に反応してしまい、想像が否定的な空想に変わることもあるからです。これは幼少期の母親との関係に起因しているかもしれません。恋愛に関しては、かなりのロマンティストです。自分から積極的に相手を誘うというより、相手からのアプローチを待ち、関係が深まるにつれどんどん遠慮がなくなっていきます。幼少時代の母親と同じようにあなたを愛してくれる人に惹かれます。もしくは母性本能（男性の場合は父性本能）をくすぐられるタイプと恋に落ちる人もいそうです。しかし本当に健全なパートナーシップを築くには、お互いに自立している必要があります。家庭を築くことは、あなたの人生を豊かに満たしてくれるでしょう。蟹座の月はまた、あなたが親になったときの愛情の育み方をも暗示します。かつて母親があなたの人生の重要な位置を占めていたように、子どもはあなたの世界の中心になります。家族を大切にするあなたは、子どもに惜しみなく愛情を注ぎますが、かなりの心配性です。〝転ばぬ先の杖〟を常に用意し、子どもをスポイルする傾向もあります。ある程度子どもが成長したら、子どもを信じてあなたが子離れできるように努めたいものです。

〈一人でいるときのふるまい〉

蟹座の月は一緒にいる人々に影響を受けやすく、周りに「必要とされる」ことを求める傾向があります。ですから目の前に人がいると、その人が何を望んでいるのかを察知して動くようなところがあります。ところが一人でいる場合は、人の要求に応える必要がありません。そんなときはぼんやりと楽しい空想を巡らしてみたり、快適に過ごせる家づくりに力を注いだりします。お気に入りの調度品に囲まれた部屋で、ゆったりとお茶を楽しむのが至福の時間です。

〈安心を得るために必要なこと〉

蟹座の月には帰巣本能があります。不安に陥ったときには、いつでもそこに帰り、心を落ち着かせることができる場所が必要です。それは家でも、また〝愛する人〟でも、ある種のコミュニティでもよいのですが、自分の〝居場所〟を確保することが「安心」につながります。帰属意識も強く、何かに属していること、また愛する人々と揺るぎない絆を結ぶことも、人生の重要課題です。

〈適性〉

月が蟹座にある人の適性は、人の痛みに寄り添う力、豊かな想像力、母性愛（育成能力）がキーワードです。医療関係、カウンセラー、保育士など、また文筆方面（シナリオライター、翻訳家、小説家）に才能を発揮する人もいます。ロマンティストでありながら生活力が旺盛なので、「食」「住」に関する職業にも適性があります。競争の激しい分野ではなく、アットホームな雰囲気の職場や、自宅でできる仕事を選ぶのもよいでしょう。

〈ストレス解消法〉

仕事や人間関係のストレスで心がトゲトゲしたときは、柔らかな体毛に包まれた犬や猫と触れ合うのが最高です。また愛する人に料理を作るのもおすすめだし、主人公に感情移入できる映画を観て、感動の涙を流すのもよいでしょう。

〈健康〉

月が蟹座にある人は体の不調に敏感です。小さな痛みや違和感から、「もし○○だったら」と心配しますが、大抵は大事に至りません。蟹座が支配する体の部位は、消化器系全般です。ストレス性胃炎などには注意が必要です。また対人関係で気疲れしやすいので、メンタルヘルスケアを心がけるとよいでしょう。

◆太陽星座と月星座との組み合わせ

太陽の星座が示す基本的な性格と、月の星座が表す普段の生活における習慣的な態度やふるまい、子ども時代に培われた無意識の性質や感情の本質がどのように作用し合うかを見ていきましょう。

〈太陽星座〉

♈ 牡羊座

「攻撃は最大の防御なり」という言葉を体現しているような組み合わせ。蟹座の月が繊細で傷つきやすいからこそ、自分を守るために先手攻撃を仕掛けるようなところがあります。一見おとなしそうでも、実は負けず嫌いでけんかっ早い。

♉ 牡牛座

蟹座の月はロマンティストですが、牡牛座の太陽はもっと現実的。共に「安定」「安全」がキーワードなので、豊かな暮らしを営みつつロマンも追求できれば最高です。優しく穏やかで温かみがある人ですが、冒険心は弱まる組み合わせ。

♊ 双子座

ウェットで感情的な月と、知的好奇心が強く論理的な太陽が組み合わさると、興味の対象がくるくる替わる自分にやや感情がついていけません。親切で世話好きな蟹座の月を、クールで少々薄情な双子座の太陽が持て余す一面も。

♋ 蟹座

太陽と月が共に蟹座というのは、新月前後の生まれです。想像力豊かで感受性が強く、世話好きですが、自己防衛本能が発達していて人見知りな一面も。一度親しくなると一気に距離を詰める傾向があり、仲間意識が強いでしょう。

♌ **獅子座**

獅子座の太陽は常に新しい刺激やドラマティックな展開を求めますが、蟹座の月が心の中で「それって大丈夫？」と警告を鳴らすことがしばしば。最良の場合は親分肌の太陽と世話好きな月がタッグを組み、リーダーシップを発揮しそう。

♍ **乙女座**

地象星座の太陽と水象星座の月の組み合わせは、とても受容的な人物をつくり上げます。かゆい所に手が届くように〝不完全なものを完全にする〟能力があり、ミッションを与えられると精神的に燃えます。自主的に何かを開拓するのは苦手。

♎ **天秤座**

社交性があり、人と一定の距離を置きつつ交友関係を広げたいと望む太陽。対する蟹座の月の人づき合いでのモットーは〝間口は狭く、関係は深く〟なので、矛盾を孕《はら》んだ組み合わせです。太陽と月の性質の違いを自覚し、バランスを取るように心がけて。

♏ **蠍座**

太陽の旺盛な探求心を感受性豊かな月が受け止めて、あなたを素晴らしいストーリーテラー（物語の語り手）にします。それを創作の世界に生かせれば最高です。愛情深く包容力に優れますが、好き嫌いが激しく、嫌いな相手には意地悪な一面も。

♐ 射手座

射手座の大雑把で楽観的なところが、月の繊細さをカバーしてくれればよいのですが、太陽の暴走を月が不安に感じる組み合わせです。イマジネーション豊かな月を、冒険大好きな太陽が刺激すると、少々、誇大妄想的になる傾向も。

♑ 山羊座

社会的に認められたい努力家の太陽と、仲間内で愛と思いやりにあふれる暮らしがしたい月との間には、明らかに矛盾があります。満月前後の生まれですが、家族との葛藤を抱える人が多いでしょう。厳しく人を育成する能力があります。

♒ 水瓶座

自由に飛翔したい太陽と、どこかに帰属したいと願う月の間には葛藤が生じます。特に愛情面では、束縛を嫌う面といつも一緒にいたい気持ちが拮抗し、あなたを苦しめます。あなたの中の〝反逆児の魂〟との共存を模索しましょう。

♓ 魚座

太陽と月の間に調和的なエネルギーが流れます。水象星座同士なので穏やかで優しく、人の気持ちに敏感です。愛情深く人のために動くことができる人ですが、我慢し過ぎると感情的に爆発してしまう傾向も。物事に流されず自分の意思を持つこと。

獅子座の月　*Moon in Leo*

〈キーワード〉

◎外からの刺激に対し、本能的にしてしまうリアクション

承認欲求が強く、ほかの人とは一味違う「私」を表現しようとする。

◎心から幸せを感じること

気がついたら話題の中心人物となり、主役気分を味わえるとき。（あなたが考える）最高級のものに囲まれているとき。

◎苦手とする状況

自分の個性や独自性を発揮できず、マニュアル通りの態度が望まれるとき。

◎あなたが恐れること

あなたが親しくなりたいと思う人に素っ気なくされること。世間から忘れられること。

◎対人面で学ぶこと

耳当たりのよい言葉に惑わされないように。他人はあなたの聴衆ではないと悟ること。

◆子ども時代に培われた無意識の性質

子ども時代の記憶を辿ると、大きな歓声に包まれるあなたがいます。あなたが初めて歩いた日、両親はきっと喜びを爆発させたことでしょう。またあなたが何げなく発した言葉に大人が驚き、称賛された記憶があるかもしれません。そんなときは気恥ずかしさと同時に、誇らしい気持ちも芽生えたはずです。あなたがまだ子どもの頃、世界は巨大な遊園地のようで、常に新しい刺激にワクワクと心を弾ませていました。月が獅子座にある人にとって、人生はエンターテインメントのようなもの。つらく悲しい出来事があっても、最後はハッピーエンドと信じたい人なのです。月は感情と深く結びついています。獅子座に月があると、感情表現が豊かで、ストレートに喜怒哀楽を表します。この配置の人にとって、人から注目を浴びることは何も恥ずかしいことではなく、ごく自然なこととととらえます。人よりも〝一歩先に進んでいること〟を望んでおり、それが叶わないと自信を失ってしまいます。一流志向があり、身の回りのものはすべて最高級の品であってほしいと願います。もし育った環境がそれを許さなければ、心の中で独自のドラマをつくり上げる人もいそうです。子どもの頃、「今の私は世を忍ぶ仮の姿。本来は高貴な家の生まれで、いつかはだれかが私を迎えに来る」という童話にありがちなストーリーを考え、想像に耽《ふけ》った人もいるのではないでしょうか。

獅子座の月の最も基本的な欲求は、「私がここにいることを知ってもらいたい」でしょう。そして単に注目を浴びるだけでは不充分で、愛され、尊敬されることが必要です。獅子座は百獣の王、ライオンがシンボルであり、その支配星は輝く太陽です。王者のプライドからいうと、品位を損なうような行動には走れません。でも心が安定するためには、自分がきわめて特別な人間なのだと感じられる必要があるのです。

また月はあなたが〝快適で安全〟でいられる方法を表します。自分が周囲の人々に何らかの刺激や影響を与えることができたら、獅子座の月は自分の存在意義を見いだし安心することができます。彼らは一見シャイで控えめだったりしますが、自分の中にある「認められたい」「称賛されたい」という欲求が満たされて初めて、この世界は居心地よいと感じることができます。

獅子座の月は高い創造性を秘めています。そして本当に意義のある挑戦やあなたにしかできない仕事を求めるので、自分でハードルを上げているようなところもあります。しかしこの配置の人はそれをも快楽として、人生を楽しもうとします。そんなあなたの少々芝居がかったところを快く思わない人もいますが、明るく温かみのある性質は周りの人々を幸せにする力があります。

◆人からどう見えるか、また初対面の人への接し方

それぞれの太陽星座の性質にもよりますが、あなたの第一印象は温かみがあり、明

るく楽しい人と映ります。一人でポツンとたたずんでいるときでさえ、どことなく堂々としていて、自分なりにこだわったお洒落をしているのも特徴です。イベント好きで、周りの人々をいつも楽しませたいと思っています。とはいえパーティなど人の集まる場所では、自分から積極的に話しかけるというより、「発見されたい」と期待するタイプです。人と話を始めると、あなたの中のエンターテイナーが目を覚まします。相手を喜ばせる楽しい話題、ワクワクするような企画を考え、それを提案するのが好きです。相手が自分の提案に乗ってくれないと、獅子座の月はがっかりし、テンションも下がってしまいます。

◆母親との関係（愛を得る方法）

この世に生を受けて初めて出会う母親との関係を、月の星座の性質は表しています。生まれたばかりの赤ん坊にとって、母親の存在は命綱のようなもの。この人に気に入られなければ、愛されなければと、子どもは切ないまでに母の愛情を得ようとします。獅子座に月があると、母親に認めてもらうためには、どこか「特別」でなければと感じ、無意識に自分の個性を磨くことになります。幼児の頃のお遊戯会などでは一生懸命、愛嬌を振りまき、周りの人々の注目を集めようとしたでしょう。子ども時代のあなたの心の声は「お母さん。私を見て」だったのではないでしょうか。

父親やほかのきょうだいがいる中で、母の愛情を自分に向けるためには「だれよりも愛らしい子」だったり「何か特別な才能がある子」である必要がありました。みんなと同じではダメで、「ごく普通」の扱いでは満足が得られないところが厄介です。そんな子ども時代の経験は、大人になり恋愛をする際にも影響を及ぼします。母親から特別扱いされることを望んだ小さな子どもがあなたの中に住んでいて、愛とは繰返し相手を気遣い、称賛を与え、共に明るい未来を語り合うことだと主張しているかのようです。交際中であっても、何度も愛情確認をしてしまうのは、幼少時の母との関係に起因しているのかもしれません。

◆人間関係の営み方や愛情の育み方

太陽星座の性質がやや消極的だとしても、一度親しくなってしまうと、獅子座の月はリードする立場を好みます。楽しい経験をいくつも積み上げることで、より親密になれると信じているのです。これは子ども時代の母親との関係が影響しているかもしれません。自分を育んでくれる母親を楽しませ、喜ばせることこそ、自分に課せられたミッションだと感じるような子どもだったのです。

すべての月の中で、獅子座の月は最も「社交の名士」にふさわしい配置と言えます。お祭り事が好きで、普段の生活とは一線を画す非日常のイベントがあなたの心を弾ませます。無邪気で実に素直な自己顕示欲があり、その場を楽しく盛り上げたいと思っています。ある意味、社交の場はあなたにとって「舞台」のようなもの。そしてそこでの働きを褒められ、「ご苦労さま」と感謝されることが好きなのです。クラス会の幹事や飲み会のセッティングを頼まれると、嬉々として立ち働くあなたがいます。恋愛はこの配置の人にとって、人生でとても重要なテーマです。なぜなら恋愛によって私たちはだれか一人の、特別な注目の対象となるからです。広い世界の中で、私を見つけ愛してくれる人がいるという事実こそ、あなたの生きる糧となるでしょう。二人の関係を最高のものにしたいと願い、惜しみなく愛を注ぎますが、見返りを求めてしまうのも特徴。とはいえこの月は正直で愛に対する高い理想を持っています。ドラマティックな恋愛を経て、やがては日々の生活の中で穏やかな愛を育めるようになりたいものです。

獅子座の月はまた、あなたが親になったときの愛情の育み方をも暗示します。かつてあなたが子どもの頃、母の愛情を得るために自分の個性を磨いたように、あなた自身も子どもに対し「才能のある特別な子に育ってほしい」と願う可能性があります。また盲目的な愛情を子どもに注ぎ、甘やかしてしまう場合もあるでしょう。わが子可愛さに、ステージママ的なふるまいをする人もいそうです。子どもたちの個性を尊重し、温かく見守るようにしてみましょう。

〈一人でいるときのふるまい〉

人前ではいつも明るく楽しげなあなたですが、一人のときは別の顔があるようです。心の奥底には不安があり、空虚感さえ覚えることもあります。まるでビタミン剤を注射するように、「あなたは特別だ」と周りから言ってもらわないと自分の存在が危ういものに思えてくるのです。だからスケジュールが埋まっていないと、強迫的に予定を盛り込んでしまう傾向があります。だれもいないのに一人芝居をして遊ぶ人もいます。ドラマの演出も主役もあなたです。

〈安心を得るために必要なこと〉

「これだけはほかの人に負けない」というものを見つけられたら、獅子座の月は安心します。自分が取るに足りないつまらない人間であると思い知らされることほど、あなたを不安にさせることはないからです。仕事でも私生活でも「あなたの代わりはいない」というセリフは、最高の誉め言葉です。自分にはちゃんと価値があると思えたら、心が安らぎます。

〈適性〉

どんな仕事でも、あなたが「主役」になれる瞬間があることが大切です。獅子座の月は創造性があり、企画力にも優れます。芸術・芸能関係、組織の中では広報・企画・

営業など。演出力があるのでプランナーやディレクター業、舞台や劇場に関する職業。自分の好きなことを仕事にしてしまう才もあるので、サロン経営や習い事の先生、また若者・子ども相手の仕事にも適性があります。

〈ストレス解消法〉

あなた自身を表現できる場がないと鬱々としてしまいます。大人になってからバレエやダンス、歌や演劇を始めるのもよいでしょう。できれば発表会があり舞台に立つなど、非日常体験ができれば最高。一人カラオケもおすすめ。

〈健康〉

獅子座が支配する体の部位は、心臓や背骨、背中です。長時間デスクワークをしている人は、姿勢が悪くなりがちなので、定期的に背骨を伸ばすストレッチを。中年以降は、循環器系疾患にも注意が必要です。心臓を健全に保ち、血圧にも注意を払いましょう。美食や贅沢からくる成人病にも気をつけて。

◆太陽星座と月星座との組み合わせ

太陽の星座が示す基本的な性格と、月の星座が表す普段の生活における習慣的な態度やふるまい、子ども時代に培われた無意識の性質や感情の本質がどのように作用し合うかを見ていきましょう。

〈太陽星座〉

♈ 牡羊座

太陽も月も火の星座にあるので、温かみがありエネルギッシュ。人生は障害があったほうがやる気が出るタイプで、それをドラマティックに乗り越えることに快感を覚えます。目標に邁進していると、周りの人々の感情には無頓着。

♉ 牡牛座

この組み合わせは、牡牛座の堅実性よりも贅沢を好む部分が強調されます。快適でラグジュアリーな生活を手に入れることが、幸せにつながります。共に不動宮なので融通が利かなくて頑固な面も。いざというときに頼りになる人。

♊ 双子座

知的で情報通。双子座の軽やかさと獅子座の華やかさが組み合わさり、場を盛り上げる社交性を備えています。好奇心のアンテナは、人生を楽しむ情報に惹きつけられます。一見、頼りがいがあるようで、意外と精神的にもろい面も。

♋ 蟹座

新月が過ぎた三日月の生まれ。身近にいるだれかを幸せにしたいと願う愛情深い人ですが、刺激を求める月と、心配性で「守り」に入りがちな太陽が自身の中で戦っています。家族や愛する人との関係が良好だと、感情も安定します。

♌ 獅子座

太陽と月が同じ星座というのは、新月前後の生まれです。プライドが高く王者の風格を漂わせていますが、大雑把で細部への注意力に欠けます。温かみがあり世話好きで、ちょっと寂しがり屋。自己愛が強く、わがままな面も否めません。

♍ 乙女座

輝きたいと願う女王体質の月に対し、与えられた仕事をきっちりこなす職人気質《かたぎ》の太陽。あなたの中には表現者と裏方をこなす有能なマネージャーが同居しているようなもの。一見、豪快なようで、意外とストレスを溜め込むタイプ。

♎ 天秤座

他人のまなざしに敏感な太陽と、ケチくさいことを嫌う月。ライフスタイルも高級志向で、人から「素敵」と褒められるのが好きです。月の獅子座は無邪気に話題の中心になりたがりますが、スマートでありたい太陽がブレーキをかけることも。

♏ 蠍座

蠍座の太陽とスクエア（90度）を形成する獅子座の月。これは自己矛盾や葛藤を感じる組み合わせです。月の自己表現欲求を、人前で目立つのを好まない蠍座が抑えてしまう傾向。頑固で思い込みも強いのですが、懐深く面倒見もよい人です。

♐ 射手座

共に火の星座なので、性格的に矛盾が少ない組み合わせ。理想家肌で探求心が強い射手座と、オープンで表現力豊かな獅子座の月がタッグを組むと、カリスマ的な魅力に。大胆で怖いもの知らずですが、地味な作業は苦手です。

♑ 山羊座

上昇志向の強い組み合わせ。周りから尊敬されたいと願う獅子座の月のプライドを満たすには、実際の人生でちゃんと成功する必要があると山羊座の太陽が考えるからです。孤高の太陽と寂しがり屋の月が自分の中で戦っています。

♒ 水瓶座

「特別」でありたいと願う情熱的な月と理想家肌でクールな太陽。満月前後の生まれなので、自身の中に正反対の性質を宿し葛藤が生じます。束縛を嫌う水瓶座と、取り巻きがいないと寂しい獅子座の月をどう共存させるかがテーマ。

♓ 魚座

この組み合わせはとてもクリエイティブ。夢に生きる魚座の太陽を、自己演出に優れる月が強力にサポート。自画自賛の傾向があり周りを辟易させる面もありますが、批判に弱く傷つきやすい一面も。優しさと愛にあふれた人です。

乙女座の月 *Moon in Virgo*

〈キーワード〉

◎外からの刺激に対し、本能的にしてしまうリアクション

冷静に物事を観察し、自分にできることは何かを見つける。

◎心から幸せを感じること

家や仕事場があなたなりのルールでちゃんと片づいているとき。問題を解決する方法を見つけ、実際にそれで人の役に立てたとき。

◎苦手とする状況

物事が混沌としていて、手がつけられない状況。不潔な環境に身を置かなくてはならないとき。

◎あなたが恐れること

あなたが考える「正しさ」を周りに理解してもらえないとき。

◎対人面で学ぶこと

他人に高過ぎる基準を求めないこと。人の失敗を許すこと。

◆子ども時代に培われた無意識の性質

子ども時代の記憶をひもとけば、周りでうごめくものに敏感に反応し、それがどう機能するのかをじっと眺めていたあなたがいるでしょう。あなたを取り巻く世界を五感でとらえ、それが「快適」か「不快」かを感じ取るセンサーがあなたの中にはありました。幼少時代から少し控えめで、おとなしい子どもだったに違いありません。しかしオムツが汚れていたり、着せられた洋服が体に合わなかったりしたときは、激しく抵抗するような子どもだったはずです。月が乙女座にあると、几帳面で注意深く、少々潔癖な面があるのが特徴です。月は感情と深く関わりますが、乙女座に月がある人は感覚が発達しているので、心地よさを感じるものに愛着を持つタイプです。とりわけ子ども時代は、感情と感覚が分かちがたく結びついているので、いい匂いがする人を好ましく思ったり、生理的に苦手な人を嫌ったりしたかもしれません。月はまた生存本能にも関係します。この人たちにとって、生きることは自分の体の声を聞くことです。体が何を欲し、何を望まないかを敏感にとらえます。体の声を無視していると、本当に調子が悪くなってしまうのです。だからこそ自分に向く健康法を見つけたり、体によい食べ物を食べたりすることで心が落ち着きます。

すべてが秩序立った自分の世界にいるときが、実はいちばん心地よいというタイプです。自分のいる場所が清潔でちゃんと片づいていることを好むのも特徴で、その基準にも自分なりのこだわりがあります。何よりも大事なのは、冷静さを保ちながら、あなたを取り巻くすべてのものの動きを把握し、自分のやり方で仕事や日課を進めていくことです。月が乙女座にあると、まるでジグソーパズルのピースを埋めるように、「物事を完全にしたい」という無意識の欲求があるようです。

月は自分が〝快適で安全〟でいられる方法を表しています。乙女座の支配星は水星ですが、一般に水星は知性や思考方法、コミュニケーション能力などを司ります。本来ならばできるだけ自然にふるまうことを求められる場面ですら、現実的で慎重な反応をしてしまうのも、「常にシラフでいること」がこの人たちにとって安心材料となるから。ある英語の占星術の教科書には、「まるで妖精を顕微鏡で分析するかのように」というたとえが載っていますが、月の乙女座の特徴をよく表しています。もしあなたの太陽星座が「先の見えないことにワクワクしたい」と望んでも、乙女座の月は先の先まで調べ上げ安心したいと願うでしょう。優れた観察眼を備える人たちですが、分析するのをやめて創造的なことに打ち込めば、物事をちゃんと形にできる人々です。

◆人からどう見えるか、また初対面の人への接し方

太陽星座の性質はその人を物語りますが、人は無意識に月が位置する星座の雰囲気を醸し出しています。乙女座に月がある人は、どことなく控えめで物静かな印象を与

えます。大勢の中では目立たない存在で、人や物事がどう動くのかを、静観する立場を取ります。しかしあなたが注目を浴びる場面は突然やってきます。あるトピックに関して意見を求められると、素晴らしい観察眼で適切な言葉を繰り出すから。物事をよりよくしたいという思いが、あなたに熱弁をふるわせることもあります。周りの役に立つことを望むので、頼られると有能さを発揮して、人のサポートを喜んでやります。気軽な感じで体を触られたりするのが苦手なので、人と一定の距離を保ちたい人です。

◆母親との関係（愛を得る方法）

母親は私たちがこの世で初めて出会う人間です。月の星座の性質は、母親や養育者との関係を物語ります。生まれたばかりの赤ん坊は、一人で生きていく術《すべ》を持っていません。母親に愛されることが、命をつなぐ方法となります。乙女座に月がある人は、手のかからない模範的な子どもであることが母親に愛される方法だと本能的に感じます。無茶をして母親を困らせることもなく、出来の悪い子として母親に恥をかかせることもない、そんな子どもになろうと無意識に努力をします。子ども時代のあなたの心の声は、「お母さん、いい子にしているから、ちゃんとするから（私を愛してほしい）」だったかもしれません。少し大人になってから、きょうだいや父親のいる中で母親の関心を自分に向けるためには、「だれよりも役に立つ子」である必要がありました。世話の焼けるほかの家族に比べていち早く母親の要求を見抜き、母をサポートすることで自分の存在価値を認めてもらおうとしたかもしれません。成長の過程で月が乙女座にある人は、分析力や批判精神を身につけます。思春期ともなれば厳しい目を母親に向け、サポートしつつもダメ出しをする口うるさい面も発達させたことでしょう。母親にそうしてきたように、あなたにとって愛とは、忠誠を尽くすことです。と同時に相手の足りない部分を補うことで「愛」を完成させるのです。

◆人間関係の営み方や愛情の育み方

太陽星座の性質に自己顕示欲や積極性があったとしても、月が乙女座にある人は少し引っ込み思案なところがあります。人づき合いでも、まず相手がどんな人なのかを正確に見極めたいと思うため、観察している間は口を閉ざし、目と耳を働かせています。幼少時代の母親との関係は、あなたが大人になってから出会う人間関係にも影響を及ぼします。かつてあなたが母親に忠誠を誓ったように、大切な人には誠実であろうとするでしょう。また母親をサポートすることで愛情を得ようとした名残でしょうか。あなたは献身的で、心の中に大切な人の役に立ちたいという思いがあるようです。

あなたが決めた生活面でのルールや習慣をだれかに邪魔されたり、服装や持ち物について口出しされるのが嫌いです。男女関係に関して潔癖な面もありますが、一度人を好きになると急に距離を詰め、スキンシップを求める傾向もあります。恋愛にも慎重なのは、日々のルーティンを崩されることへの恐怖があるからです。この配置の月は情熱的とは言えません。恋愛にありがちな相手を美化して盛り上がるということがなく、冷静に相手を分析し、測り、判断するからです。一度つき合いが始まるととても誠実なパートナーとなりますが、相手にも高い基準を求めてしまいます。口うるさく、批判めいた言葉が多くなるのは、自分が信じて愛した人に、「もっとよくなってほしい」と願う気持ちがあるからです。とはいえ言われた相手はその物言いに傷つくこともあると、覚えておきましょう。

乙女座の月はまた、あなたが親になったときの愛情の育み方をも暗示します。この配置の月は完璧さを求める傾向があります。子どもに対して、できることはすべてしてあげたいと思う一方で、社会的な規範や常識、けじめなどを厳しく教えるでしょう。そのうえで現実的なサポートは惜しみません。もし子どもがあなたが考える常識から逸脱する場合があっても、愛情をもって見守ることができたら、よい関係を築けるでしょう。

〈一人でいるときのふるまい〉

人と一緒にいると細かいことが気になるので、心のバランスを取るためにも一人になる時間が必要です。とはいえ一人の時間であっても、乙女座の月は「今やるべき何か」を見つけてしまいます。たとえばテーブルの上を拭いたり、冷蔵庫の中を片づけたり、植物に水をやったりしながら過ごすでしょう。無為に過ごすというのが苦手なので、ぼんやりTVを観ていても、気になる個所を見つけては「あり得ない！」などと一人批評家をやっているかもしれません。

〈安心を得るために必要なこと〉

家や仕事場で、モノがあるべきところに納まっていることで安心する人たちです。また翌日の仕事の段取りをしたり、頭の中で作業の手順を考えたりもします。おそらくどの人も、自分独自の Daily Ritual ＝日々の儀式があるでしょう。その習慣をまるで厳かな儀式のように日々繰り返すことが、心の安定につながります。

〈適性〉

何事にも几帳面で注意深く、細かな神経を備えています。優れた分析力と調査能力は仕事面でも役立ちます。技術、エンジニア系、また医療や健康に関する分野、園芸などにも適性があります。情報分析や各種リサーチ、グラフィックデザインやパティシエなどにも向きます。職人気質な面があるので、お稽古事を究めて教室を開くのもよいでしょう。

〈ストレス解消法〉

頭の中を空っぽにすることができたら、あなたの心は静まります。ヨガや瞑想、また森林浴といった自然の中に身を置くことが最高のストレス解消になります。健康談義でだれかと盛り上がるのもおすすめです。

〈健康〉

乙女座が支配する体の部位は、消化器官（特に腸）、神経です。弱点は神経系統のデリケートさと胃腸の敏感さです。十二指腸潰瘍など心因性の胃腸障害、ストレス性の便秘や下痢などを発症しやすいようです。健康に対する意識が高いので、自分に合う健康法や食事療法を見つけるとよいでしょう。

◆太陽星座と月星座との組み合わせ

太陽の星座が示す基本的な性格と、月の星座が表す普段の生活における習慣的な態度やふるまい、子ども時代に培われた無意識の性質や感情の本質がどのように作用し合うかを見ていきましょう。

〈太陽星座〉

♈ **牡羊座**

小心で神経質かと思えば、突然、大胆で勝気な面が顔を出します。有能でありたいという気持ちが強く、それが叶わないと自己嫌悪に陥ります。月の緻密で冷静な判断力と、太陽の行動力がタッグを組めば偉業を成し遂げられそう。

♉ **牡牛座**

共に地の星座なので、物事を着実に進める力があります。気分は常に「ちゃんとしなくちゃ」とストイックに自分を律するものの、牡牛座の太陽は揺るぎない安定感や頑固さの持ち主。人生を楽しむためには時々、月を黙らせる必要が。

♊ **双子座**

共に水星を守護星に戴く双子座と乙女座ですが、前者はスピード、後者は緻密さを特徴とします。自然科学分野での才能あり。常に頭が働いている状態で気が休まらないので、自分なりのリラックス法を見つける必要がありそう。

♋ **蟹座**

心優しくロマンティストな蟹座の太陽と、人のサポートを厭わない乙女座の月。世話好きで人の役に立ちたいという気持ちが強い人です。ミッションを与えられると嬉々として動きますが、自分からコトを仕掛ける積極性には欠けます。

♌ **獅子座**

王様と召使い、もしくは社長と秘書があなたの心の中に同居しています。前者が太陽で後者が月の性質なのですが、月が人の役に立つことを本能的に探してしまうと、獅子座の自己表現欲求が後回しに。あなた自身が輝くことを考えて。

♍ 乙女座

太陽と月が同じ星座にあると、新月前後の生まれ。知的で鋭い観察力や優れた識別力の持ち主ですが、自分の中に矛盾を抱えた人のことが理解できません。あえて自分が決めたルールを破ってみると、新しい景色が見えるように。

♎ 天秤座

周りとの調和を大切にする天秤座に対し、乙女座の月は人を厳しくジャッジしてしまう面が。月のストイックさが自分に向けられると、だれからも好かれるバランスの取れた人になります。物事を公平に扱うバランス感覚に富みます。

♏ 蠍座

この組み合わせは誠実で控えめな印象を人に与えます。ひとつのことを徹底的に研究・調査する才能がありますが、社交性に欠けます。人から何かを頼まれると、献身的で実務能力に優れますが、人の好き嫌いは激しいかもしれません。

♐ 射手座

常に新しい刺激を求めて飛翔したい射手座ですが、乙女座の月が不安を感じて無意識にブレーキをかける傾向が。そのため心の中は〝やり切った感〟がなく、不満を抱えがちです。射手座の閃《ひらめ》きを、有能な月がサポートできれば最高です。

♑ 山羊座

共に地の星座なので、やることには確実性があります。社会的にちゃんと評価されたい山羊座を、事務処理能力の高い乙女座の月が強力にバックアップ。仕事で成功を収める才能がありますが、人生を楽しむ能力にはやや欠けます。

♒ 水瓶座

この組み合わせは知的な人物をつくり上げますが、あなたの中には束縛を嫌う自由人と、ルールに縛られる生真面目な人が同居しています。仕事と私生活で全く別の顔を持つと、バランスが取れるかも。ストレス性疾患に気をつけて。

♓ 魚座

潔癖で完璧でありたい乙女座の月と、どこかいい加減だけど優しく包容力のある魚座の太陽が、常に心の中で戦っています。満月前後の生まれなので葛藤が生じますが、人を救うと同時に自分をも癒やせる方法を見つけられたら最高です。

天秤座の月 *Moon in Libra*

〈キーワード〉

◎外からの刺激に対し、本能的にしてしまうリアクション

周りの人を和ませたいという欲求から、愛嬌を振りまいてしまう。

◎心から幸せを感じること

美しいものに囲まれ、自分の感情がフラットな状態に保たれているとき。

◎苦手とする状況

不公平で理不尽な状況に巻き込まれること。品のない人々と一緒に過ごさなければならないとき。

◎あなたが恐れること

周りから後ろ指をさされるようなことをしてしまったり、自分の悪い噂を聞いたりすること。

◎対人面で学ぶこと

お互いをちゃんと理解するためには、戦いが必要なときもあると悟りたい。

◆子ども時代に培われた無意識の性質

子ども時代のあなたを覚えている大人がいたら、「いつもにこにこ微笑んでいる子だった」というに違いありません。会った人がまず目を奪われるのは、そのにこやかな笑顔です。幼少期からすでに、周りの人を楽しませたい、喜ばせたいという意識が芽生えていたはずです。人生で最も大切なことは〝美と調和〟という人。あなたを取り巻く世界が美しく平穏であると、安心していられるのです。

月は感情と深く関わっていますが、天秤座に月があると、自分の感情をある種のフラットな状態に保っておくのが心地よいと感じます。自分の中から湧き起こる感情を、そのまま爆発させるのではなく、少し距離を置いて考えたり分析したりするのが好きなのです。だから周りの人々はあなたのことを「いつも穏やかで感情のアップダウンが少ない人」と見るようです。争い事が苦手なのは、心の中の不協和音を最も嫌うからでしょう。平穏さやバランスに欠けているところがあればそれを取り戻し、魅力のある感じのよい空間や環境を創り出そうとします。身の回りに醜いことや不協和音があると、心身共に調子が悪くなってしまいます。天秤座に月がある人にとって、人づき合いは人生を豊かに彩るものです。他人はまるであなたの心を映す鏡のようなもの。ある人の考え方や好き嫌いに触れることで、「あ、自分はこうだな」と認識することができるのです。実際、この月を持つ人は友だちも多いはずです。人づき合いを大切にしますが、人間の欲深さを垣間見たり、友人同士のけんかに巻き込まれたりすると、一人でいたほうがましだと思うでしょう。またあなたはどこにいても、周囲に美を創り出す人です。美しさが欠けていると途方に暮れ、みじめな気持ちになってしまうからです。たとえばあまりにも殺風景な場所に長時間いることを余儀なくされたら、バッグの中からカラフルな小物を取り出して気持ちを盛り上げるかもしれません。それさえ叶わないシチュエーションでは、心の中にある美しい風景へと現実逃避するでしょう。

天秤座の守護星は金星であり、そのシンボルは愛と美の女神、アフロディーテです。美しさと愛のある暮らしが、あなたを安心させます。また金星は心理学的に言うと、他人の中に自分との共通点を見つけ出し、「人とつながりたい」と思う人間の基本的な欲求を表します。「人は一人では生きてはいけない」ということを、最もよく知っている月の配置でしょう。天秤座の月は平和を愛すると同時に、〝公平さ〟も重んじます。だれかが不公平な扱いを受けていたら、自分の豊かな生活を犠牲にしてでも、その不均衡を是正しようとする場合も。バランスを取り戻すことが「安心」につながるからです。実は、正義を愛する人でもあるのです。

◆人からどう見えるか、また初対面の人への接し方

太陽星座の性質が引っ込み思案だったり、逆にストレートで激しい性格だったとしても、月が天秤座にある人の第一印象は穏やかでチャーミングです。相手に話を合わせ、常にその人の要求や望むことに気配りできます。社交的かつ八方美人的な態度は、ときとして誤解されやすいのも事実。あなたと接した人は、特別扱いされているような気分になるからです。それで相手が一気に距離を詰めてくると、ひらりと身をかわしてしまうので、裏切られたような気分にさせてしまう面も。パーティや人が多く集まる会合には、天秤座の月を常駐させておくと、物事がつつがなく進むはずです。

◆母親との関係（愛を得る方法）

この世に生を受けて初めて出会う人間、それは母親です。生まれたばかりの赤ん坊にとって、母親は命綱のようなもの。子どもは無意識に「この人に愛されたい」と、切ないまでの思いで月の星座の性質を身につけていきます。天秤座に月がある子どもは、目の前にいる母親を喜ばせたい、楽しませたいと思い、愛らしさを発揮するようになります。成長する過程で「欲しいものを手に入れるためには、チャーミングな笑顔と相手を不快にさせない態度がいちばん効果的」ということを無意識に学ぶでしょう。

もしあなたにきょうだいがいれば、その中でだれよりも上品でスマート、どこに出しても恥ずかしくないマナーを身につけて、母親を喜ばそうとするかもしれません。

月が天秤座にある子どもは、小さなレディであり、ジェントルマンです。小さな頃から社会性や社交性を身につけることで、母親の愛を得ようとしたに違いありません。また母親からただ愛されるだけではなく、ちゃんと理解されたいと願うので、大人になるにつれ知的なコミュニケーションを求めるようになります。あなたにとって愛とは、「お互いに理解し合い、相手を幸せにすること」なのかもしれません。

もし実際の母親が感情的に激し過ぎたり、下品だったりすると、安定した情緒を築くことが困難になります。その場合、早い時期から家を出て、あなたの望む優雅で上品な環境や、知的に理解し合える人々を探すことになるでしょう。

◆人間関係の営み方や愛情の育み方

母親と楽しい時間を一緒に過ごしたい、というのがあなたの子ども時代の願いでした。ただべったりと甘えるというより、母親に〝私という人〟を理解してもらいたいという気持ちが強かったでしょう。そんな子ども時代の母親との関係は、あなたが大人になってから出会う人々とのつき合いに影響を及ぼします。

見た目の好ましさやスマートさに心惹かれる傾向があるのは、美しいものやバランスの取れたものが好きだからです。しかし実際につき合うとなると、知的な結びつきを求めます。言葉によるコミュニケーションを好むのは、お互いに理解し合うことが愛を育むことだと信じているからです。もし実際の母親が支配的なタイプで感情的な要求が多かった場合、あなたは苦しみ、やがてはそれをするりとかわす術を身につけたはずです。どんなに好きな相手であっても、適度な距離がないと息が詰まってしまうのです。とても社交的で親しみやすい半面、クールで人と打ち解けない面も併せ持っているのが特徴です。

大勢の友だちに恵まれ、魅力的なパートナーがいることが、あなたの心の安定につながっています。あなたが心身共に健康でいられるには、文化的、経済的にも恵まれた環境が大切です。下品で粗野なふるまいをする人々とは、一線を画したいとひそかに思っているはずです。できれば人間の善良な部分だけとつき合いたいと思うタイプで、泥仕合になる前に手を引くのが得意技かもしれません。天秤座の月はまた、あなたが親になったときの愛情の育み方をも暗示します。子どもが人生の荒波をうまく乗り切れるようにと、あなたが考える最良のマナーを教えますが、子どもによっては少々過保護で、「人の評判を気にする口うるさい親」と映る場合もあるでしょう。子どもの個性に合わせた教育や愛情のかけ方を学ぶ必要がありそうです。

〈一人でいるときのふるまい〉

人と一緒に過ごすのが大好きなあなたですが、ときおり一人になる時間が必要です。一人のときはだれかを喜ばせたり楽しませたりする必要がないので、自分勝手に好きなことをしてリラックスしたいのです。だれにも会わない日は、パジャマのままで怠惰に過ごしているかもしれません。美しいものや美味しいものに囲まれているのも至福の時間。また冷静に人とのやり取りを思い出し、その時の自分の感情について、分析したりするのも好きです。

〈安心を得るために必要なこと〉

世の中が善意に満ちていて、平和であることこそ、あなたを安心させる重要なファクターです。とはいえ世の中には争いや戦いもあれば、飢えて死ぬ子もいます。善意の友人たちや愛するパートナーと明るく朗らかな生活を営みつつ、世の中の不公平さを正す活動にも参加できれば、心から満足できるでしょう。

〈適性〉

天秤座に月がある人は、社交性があり交渉術にも長けています。職場環境は明るく美的である必要があります。企業の広報や人事などにも適性を発揮できますし、また天性のセンスを生かしてインテリア・ファッション・美容関係で働くのもよいでしょう。ハードワークが続くとモチベーションが下がります。人の喜ぶ顔を見るとやる気が出るので、サービス業などにも適しています。

〈ストレス解消法〉

ホテルのティールームや美術館、ギャラリーといった美しく優雅な雰囲気の場所に出かけると、まるで霧が晴れるように悩みや不快な気分が消えていきます。親しい人と会って、おしゃべりを楽しむのも最良のストレス解消法。

〈健康〉

不潔な環境や極端なハードワークには耐えられないので、一般的に健康な人が多いようです。不調に陥ると天性のバランス感覚が働き、病気に至る前に健康を取り戻そうとするからです。細菌感染に弱く、腰と腎臓が弱点です。また美食を好むので、年を取るにつれ肥満しやすいのも特徴です。

◆太陽星座と月星座との組み合わせ

太陽の星座が示す基本的な性格と、月の星座が表す普段の生活における習慣的な態度やふるまい、子ども時代に培われた無意識の性質や感情の本質がどのように作用し合うかを見ていきましょう。

〈太陽星座〉

♈ **牡羊座**

月は調和を求めるので、「YES」「NO」を断言せず愛想よくふるまってしまいますが、本質的には闘いも辞さず正直に生きたいと願っています。満月に近い生まれなので自己矛盾を感じやすい。突然、太陽星座が勝ると「急にキレる人」との評判も。

♉ **牡牛座**

共に金星を守護星に持つ星座なので、平和を求めるエピキュリアン（快楽主義者）です。上品でありたいと願うカッコつけ屋の月の背後に、損得勘定に長けた牡牛座の太陽が潜んでいます。怠惰で自分に甘くなりがちな面もあり。

♊ **双子座**

太陽も月も風の星座となり、知的でさわやかな印象を人に与えます。人に親切で優雅な雰囲気を漂わせていますが、べったりと頼ってくる人には薄情な面も。友人知人は多いのですが、人間関係で深いつながりを築くのは苦手かもしれません。

♋ **蟹座**

情緒的な蟹座と、クールで社交的な天秤座が心の中に同居しています。月が下した合理的な判断に感情がついていかず、もやもやとした気持ちを抱えることも。蟹座の傷つきやすさを守るための道具として、天秤座の月を機能させてみては。

♌ **獅子座**

この組み合わせは、華やかで社交的な人物をつくり上げます。お洒落でスマート、そして贅沢志向です。女性の場合、見た目が素晴らしく女性的だとしても、中身は相当な男前です。周りの人々の細かな心の機微には、案外鈍感です。

♍ 乙女座

乙女座の太陽は分析・調査能力に長け、常に「何かの役に立ちたい」と願っています。そこに社交性のある天秤座の月が加わると、秘書や広報といった才能が開花。のんびり優雅に過ごしたい月に、真面目な乙女座の太陽がダメ出しすることも。

♎ 天秤座

新月前後の生まれで、人生で最も大切なものは人間関係です。関わる相手を楽しませたい、喜ばせたいという欲求が強く、関係性の中で生きている人です。孤独の中で自分自身を突き詰め、「自我」を育てていく作業も必要です。

♏ 蠍座

社交的で軽やかな雰囲気の背後に、孤独に強く物事を突き詰める研究熱心な蠍座が隠れています。独自の美意識を持ち、平和主義で包容力にも恵まれますが、我慢の許容限度を超えると、人でもモノでもバッサリ関係を断つ極端さも。

♐ 射手座

未来志向で常に新しい刺激を求める太陽と、人生を謳歌したい月には親和性があります。一方で太陽のワイルドさを、洗練と調和を求める月が押さえつける傾向も。また自分一人で盛り上がり、情緒的なデリカシーに欠ける面もあります。

♑ **山羊座**

現実的に結果を出したい山羊座の太陽は、ハードワークを厭いません。一方、天秤座の月は「常に楽しくありたい」と願うので、心の中には葛藤が生じます。月の外交手腕を、仕事で成功したい太陽が戦略的に使えるようになればしめたもの。

♒ **水瓶座**

一見、穏やかでのんきな天秤座の月の背後には、変人で革命家の魂を持つ太陽が潜んでいます。突然大胆な行動に出て、周りをびっくりさせることも。とはいえ個性的な太陽とチャーミングな月は共に風の星座。束縛を嫌う自由人です。

♓ **魚座**

人当たりがよく穏やかで、優しげな雰囲気を漂わせています。人を幸せにしたいと願う魚座は、面倒を引き受けがちですが、バランス感覚に優れる月が「これ以上は無理」と線引きをしてくれます。何事も少々アバウトなところがご愛嬌です。

蠍座の月

Moon in Scorpio

〈キーワード〉

◎外からの刺激に対し、本能的にしてしまうリアクション

何事もすぐには反応せず、まず警戒し、状況をじっくり観察する。

◎心から幸せを感じること

人でもモノでも心底、夢中になれるものが見つかったとき。

「相手の心に嘘がない」と100％信じることができたとき。

◎苦手とする状況

リアルタイムに状況がころころ変わること。親しくない人に、根掘り葉掘り私生活を聞かれること。

◎あなたが恐れること

仕事や私生活が、自分のコントロール下にない状況（新学期の始まりや新しい職場など）。

◎対人面で学ぶこと

表面的で軽いつき合いを好む人もいると知ること。

◆子ども時代に培われた無意識の性質

子ども時代の記憶をひもとくと、いくつかの画像がストップモーションのように浮かび上がってきます。母親を取り巻くさまざまな出来事を「いったい何が起こっているのか」と、あなたはじっと静かに見守っていたはずです。子ども時代のあなたを知る大人がいたら、「無口だけど心《しん》が強そうな子だった」と評するかもしれません。物静かではあるものの、あなたの心の中はさまざまな感情が渦巻いていました。子どもっぽく感情をむき出しにするというより、自分の感情を無意識にコントロールする術を身につけた子どもでした。月は感情と深く関わっていますが、蠍座に月がある人はその豊かな感受性で、何事も敏感かつ深く感じる人といえます。言葉でというより、その場のムードや人の表情から、背後にあるものを直観的に見抜く力があるのです。

伝統的な占星術によると、各惑星には居心地のよい星座と、そうではない星座があります。月にとって蠍座という星座空間は、「下降の座（フォール）」に当たり、月が与える安心感や快適さなどを味わいにくい配置だと言われてきました。月が蠍座にあると、人の心には必ず闇の部分があると本能的に気づいているため、わざわざ相手の感情に探りを入れて、藪から蛇を出してしまうことがあるのです。どんなにつらい事実であっても、だまされるよりも真実を知りたいと思う人だからです。常に超然とした雰囲気を漂わせているのは、自分の中にある嫉妬や復讐心などのネガティブな感情に蓋をしているからかもしれません。このような感情を理解し、それを見据えていくことが課題といえるでしょう。この月のよい面は、素晴らしい勇気と忍耐力、他人に対する洞察力です。あなたを図らずも傷つけた相手への最大の復讐は、「満ち足りた人生を送ること」にほかなりません。

月はまた、自分が〝快適で安全〟でいられる方法を表します。蠍座の支配星は冥王星であり、そのシンボルは灰の中から甦る不死鳥、フェニックスです。そこからこの月には類稀《たぐいまれ》な再生力があるとわかるでしょう。安心を得るために、人との関係やある状況を〝潔く壊して再生する〟力を秘めています。一見、「安心」と「破壊」は対極にありますが、蠍座の月の人にとっては、一度ゼロにして再生することが「安心・安定」につながる場合もあるのです。

また月が蠍座にある人は、巧妙に隠されているものを敏感に察知して、世の中の不正や闇を暴くジャーナリスティックな視点も兼ね備えています。ときどき自分の内側から込み上げてくる激しい感情と真摯に向き合うことが、成長への近道です。他人への温かいまなざしや深い愛情は、どの星座の月にも負けないあなたの美点です。

◆人からどう見えるか、また初対面の人への接し方

人は無意識に月の星座の雰囲気を醸し出しています。一見クールで超然としている、

無口でなんとなくミステリアス、何を考えているのかわからない……。月が蠍座にある人を形容する表現はこんな感じでしょうか。もしかしたらちょっと近寄りがたい雰囲気を漂わせているかもしれません。とても誠実なので、その場限りの調子よさで適当に相槌を打ったりできないのです。初対面の人と話をするときも、自分から積極的に話しかけてリーダーシップを取ることは稀で、まずは相手をじっくり観察します。好ましいと感じる相手には徐々に心を開いていきます。一度仲よくなってしまえば、これほど信頼できる人もいないというほど、実は親切で愛情深い人です。

◆母親との関係（愛を得る方法）

月の星座の性質は、母親や養育者との関係を物語ります。この世に生まれ落ちたばかりの赤ん坊は、一人で生きてはいけない無力な存在。母の愛を得ることが命をつなぐ方法です。蠍座に月がある子どもは、単に自分に注目が集まるように目立った言動をするというより、まず自分の置かれた状況を冷静に観察します。どちらかというと物静かで大人びた印象のある子どもだったかもしれません。母親の言葉や行動からある種のパターンを見いだし、彼女の心の中を無意識に洞察するような子どもでした。母親という存在を丸ごと受け止める包容力を育てることが、母の愛を得るいちばんの方法だったかもしれません。

もしあなたにきょうだいがいれば、その中でだれよりも存在感のある子どもだったはずです。一見おとなしくても自我が強く、なぜか結果的には自分の要求を通してしまう……。蠍座の月は、生まれながらに人の心を操作する術を知っています。愛の深さではだれにも負けないので、母親のよい面も悪い面も丸ごと愛して受け入れる器の大きさで、母の信頼や愛情を得ようとしたに違いありません。

実際の母親があなたの複雑な心模様を理解できない場合、安定した情緒を築くのが難しくなります。すると愛情の育み方がよくわからなくなり、愛するがゆえに相手をコントロールしたいという欲求に苦しむことに。恋愛の形が、「支配と服従」という関係にならないように気をつけたいものです。

◆人間関係の営み方や愛情の育み方

母親とどこか深いところでつながっていたい、というのがあなたの子ども時代の願いでした。またほかの家族が知らない、母親との〝小さな秘密や約束〟などが、あなたの中で甘美な思い出として残っています。そんな子ども時代の母親との関係は、あなたが大人になってから出会う人々とのつき合いに影響を与えます。対人関係においてこの月の配置の人は、人前ではできるだけ後方に控えて物事を動かしたいタイプです。初めて出会う人々の表情や、ちょっとした発言などから、まるでレントゲンで心の奥を見透かすように、その人となりを判断します。人を信用したいからこそ、よく観察するという感じです。月が蠍座にある人たちは、表面で何が起こっているのかを知るだけでは満足できません。人と人との間にある微妙な相互作用やエネルギーの流れ、だれがどんな雰囲気を放っていて、それがなぜなのかが読めると安心し、落ち着くことができるのです。それは内に秘めた激しい感情を波立たせないようにするための、自分なりの方法なのでしょう。謎めいた人といわれる所以です。多くの知り合いを誇るより、少数の真の友人を求めます。恋愛に関しても絶対的な信頼が必要です。相手の心に嘘がないとわかると、素直になり献身的な愛情を捧げます。All or nothingつまり「ゼロかすべてか」が愛の定義となり、無意識にそれを相手にも強いるところがあります。俗にいう「嫉妬深さ」は、愛の深さの裏返しなのでしょう。

蠍座の月はまた、あなたが親になったときの愛情の育み方をも暗示します。どの人の心の中にもある闇を知っているあなたは、愛情深さと厳しさを兼ね備えた親になるでしょう。ときおり「この子のため」という大義名分から、子どもを思い通りにしたがる支配欲が顔をのぞかせます。有り余るエネルギーを他に向け、「愛して手放す」「見守りつつも自由にさせる」ことを学ぶべきでしょう。

〈一人でいるときのふるまい〉

どうせ人と関わるのなら、深く知り合いたいと望むのが蠍座の月。その一方、一人で過ごす時間も必要だと感じています。集中力や持続性があるので、趣味など好きなことに没頭している時間は、特別なひとときです。蠍座の月は、一人遊びの達人でもあります。だれかと一緒に過ごしていると、相手を観察したり、その人の心に寄り添うことに心が向かいますが、一人のときは、自分自身の複雑な心を解き明かすべく本を読んだり、映画やドラマの主人公の心理を探ったりして遊んでいます。

〈安心を得るために必要なこと〉

人々がすぐに信じてしまうような話に対して、「それって本当なのかな」と疑いのまなざしを向けることがあるのが、蠍座の月の人々です。月の星座は、その人が心から安心できる方法を暗示します。安心するためにはまず疑う、というのが基本的な姿勢です。何かを信じて裏切られることほど、つらいことはないからです。逆説的ですが、実は本気で人を信じたい人だと言えます。

〈適性〉

蠍座に月がある人は探求心が旺盛なので、研究者タイプと言えます。また直感に優れ人を見抜く力があるので、心理学や精神分析、カウンセリングなどへの適性があります。外科医、警察関係、あらゆる種類のリサーチャー、演出家などにも向いています。企業のトップというより、陰でトップをコントロールする参謀役でいるのもよいでしょう。

〈ストレス解消法〉

心の中で激しく感情が動くとき、あなたは居ても立ってもいられなくなり、不安にさいなまれます。頭の中を空っぽにしてくれるものといえば、格闘技系エクササイズ。最高のＳＥＸなどもその範疇に入るかもしれません。

〈健康〉

蠍座が支配する体の部位は、生殖器や排泄器官です。女性であれば子宮や卵巣といった婦人科系疾患が気になります。疲れを知らずハードワークに耐えうるスタミナの持ち主ですが、節制という言葉とは無縁な人々です。また考えを突き詰める癖があるので、メンタル性疾患などにも注意が必要。

◆太陽星座と月星座との組み合わせ

太陽の星座が示す基本的な性格と、月の星座が表す普段の生活における習慣的な態度やふるまい、子ども時代に培われた無意識の性質や感情の本質がどのように作用し合うかを見ていきましょう。

〈太陽星座〉

♈ 牡羊座

太陽は外に向かう炎、月は心の奥で静かに燃える炎。まるで実弾を込めたピストルのような人ですが、表面的には常に冷静です。カッとなったときの攻撃力はパワフルですが、それを自分に向けないように。偉業を成し遂げる力も。

♉ 牡牛座

安定や所有を求める太陽に対し、蠍座の月は怖いもの見たさで事の本質を知りたがります。満月前後の生まれで、かなり頑固です。あきらめの悪さは才能でもあり、時間をかけて物事を成し遂げる力も。要領のよさを学ぶ必要がありそう。

♊ 双子座

好奇心が旺盛な太陽と探求心にあふれる月が組み合わさると、スピーディーに真相を突き止める力に恵まれます。蠍座の月がミステリアスな雰囲気を醸し出していますが、実は行き当たりばったりで、意外とミーハーだったりしそう。

♋ 蟹座

共に水象星座なので、感受性が強く傷つきやすい心の持ち主。人づき合いがちょっと苦手かもしれませんが、一度仲よくなると親切で情が深い人です。豊かな想像力が物語を創る才能を生みますが、対人面で妄想に陥りやすい面も。

♌ **獅子座**

この配置は上弦の月の生まれ。企画力がありドラマティックで創造性にあふれますが、相手のためを思って悪気なくパワハラをしてしまう面もあります。出たがりと引っ込み思案が心の中に同居しています。パワフルな有言実行の人です。

♍ **乙女座**

蠍座の月特有の猜疑心の強さと、太陽・乙女座の調査・分析力がタッグを組むと、用心深さと有能さを兼ね備える人になります。ただし慎重し過ぎて行動のタイミングを逃す傾向も。その分析能力をポジティブに使う方法を考えて。

♎ **天秤座**

蠍座の月が感じる嫉妬心などの否定的な感情を、天秤座の太陽の美意識が包み隠そうとします。自分の心のバランスを保つには、人と深く関わらないようにするのがいちばんと考えるフシが。感情と真摯に向き合うことが成長につながります。

♏ **蠍座**

新月前後の生まれです。表面上は物静かであっても、心の中に激しい情熱を秘めています。決断力や集中力があり、一度決めたらぐらつかない強い心の持ち主。嫌いな相手には辛辣ですが、好きな人にはどこまでも愛情深い人です。

♐ **射手座**

明るくオープンな射手座の太陽に対し、蠍座の月は秘密主義でどことなくミステリアス。その落差が不思議な魅力を醸し出します。一度ターゲットを見つけると、ハンターの血が騒ぎ、狙った獲物は逃しません。飽きっぽい一面も。

♑ 山羊座

山羊座の太陽が描く人生のゴールは、社会的に認められ経済的にも安定することです。洞察力や集中力に優れる蠍座の月をうまく使えば、自分の人生をデザインすることが可能。ただし人の心をコントロールしようとするのは避けたほうが。

♒ 水瓶座

下弦の月前後の生まれで、心に葛藤を生じる組み合わせ。蠍座の月が感じてしまう、嫉妬などの「恥ずべき」感情を、水瓶座の太陽は知的に理解しようとします。人との適度な距離を必要とする理想主義者で、心理学への才能あり。

♓ 魚座

太陽、月が共に水象星座で、直感や想像力に恵まれます。と同時に人の気持ちに寄り添うことができる心優しい人です。魚座が抱く淡い夢を、洞察力や持続性に長けた蠍座の月がパワフルに後押しをします。論理性には欠ける組み合わせ。

射手座の月 *Moon in Sagittarius*

〈キーワード〉

◎外からの刺激に対し、本能的にしてしまうリアクション

正直でオープン。思ったことをすぐ口にし、反応が少々大げさ。

◎心から幸せを感じること

何ものにも束縛されずに、自分が興味を持ったことに邁進しているとき。そこに冒険的な要素があると、さらに気分が高揚する。

◎苦手とする状況

退屈な日常の繰り返し。型にはめられること。

◎あなたが恐れること

生きる意味が見いだせなくなること。何かに向かう情熱がなくなること。

◎対人面で学ぶこと

自分の言動や約束したことに責任を持つ。人には人のペースがあると気づくこと。

◆子ども時代に培われた無意識の性質

射手座の月のもとに生まれた子どもたちは、自分が暗闇からまばゆい光の中に出ていくイメージを持っている人が少なくありません。体を動かすのが好きで、手足を自由にばたつかせる解放感に心地よさを感じたはずです。

あなたが子どもの頃、世界は謎に満ちていて、自分を取り巻くさまざまな出来事が何かの予兆のように思えたものです。実際、この生まれの人は、鮮やかな心象風景の持ち主です。言葉では説明できないヴィジョンが降りてくることもあります。突然、思いつきで行動に走るように見えるのは、「きっと大丈夫」という自分の中の楽観的な声に導かれて「なんとなく」体が動いてしまうからです。明るくユーモアがあり、大人に叱られてもどこかケロリとしている子どもでした。月は感情と深く結びついています。射手座に月があると、喜怒哀楽の表現が他の星座の月に比べて少々大げさです。まるで心の中にある感情のスイッチが、勝手に「中」から「強」に動くかのようです。うれしいときは大騒ぎし、一度落ち込むと声をかけるのが気の毒なくらいですが、どの感情も長続きしません。射手座の月の人の感情には、中途半端という文字はなく、ときどき派手に癇癪を起こすこともあります。正直で自分自身に嘘がつけないため、あまりにストレートな物言いで周りの人を傷つけてしまうこともあるようです。

射手座の月の最も基本的な欲求は、「私がここにいる意味を知りたい」でしょう。

そんな求道者の魂が、あなたを未知の冒険へと駆り立てます。未来志向が強く「今ここにはない何か」を常に求めてしまうのです。月は本来、自分にとって〝快適で安全〟でいられる方法を示します。射手座の支配星は、拡大・発展を象徴とする木星です。木星は自分自身を肯定し、人生に積極的に向かっていこうとする創造的なエネルギーをあなたに授けます。人はパンのみにて生くるものあらず。雨風をしのげる家があり、生活が安定していても、この配置の人々は満足できません。自分が生きる意義があって初めて、心の安定がもたらされるという人々です。常に物事のよい面や明るい面を見て、旅や冒険に心を躍らせます。前向きでオープンマインドなため、周りの人々を元気づける才能がありますが、たえず未来に目が向いているため、目の前の現実を疎かにしてしまう点は否めません。〝貴重な今、この瞬間〟を大切にすることができたら、あなたの人生はもっと豊かになります。若い頃は向こう見ずで、正直過ぎる言動で人と衝突することもありますが、年を重ねるにつれ、哲学や宗教といった深遠な世界に心惹かれるようになるので、教育者としての才能も秘めています。

◆人からどう見えるか、また初対面の人への接し方

月が射手座にある人は、常に新しい刺激を求めているので、初対面の相手にも物怖じせず、明るくフランクに接します。そんなあなたを人は、愉快な話でその場の雰囲

気を盛り上げるムードメーカーと見るでしょう。会話のテンポが速く、興味のある話題にはすぐ食いつき、人の話を最後まで聞かずにしゃべり始めてしまうこともあります。頭の中にあふれる言葉を留めておくことができない、いわゆる〝待てない人〟です。正直さと抑えられない好奇心から、ぶしつけな質問をして「ちょっと失礼な人」と思われてしまうことも。特に何かに心を奪われているときは、人の言葉が耳に入ってこないため、不遜な感じを人に与えてしまう場合もあります。

◆母親との関係（愛を得る方法）

ある占星術家は、子どもにとって母との出会いはまるで初恋のようなものだと説いています。母親がいなければ、生まれたての赤ん坊は命をつなぐことができません。月の星座の性質が「生存本能」に関わるのはそのためです。射手座に月がある子どもは、とにかくじっとしていません。言葉を持たない赤ん坊の頃は、とにかく泣く、激しく動くことで自分の存在を母親に示したかもしれません。小学生ともなると早くも自立心が芽生え、母親とのスキンシップを求めるものの、精神的には「自由でいたい」気持ちが強い子どもでした。射手座の月の子どもは、ファンタジー世界の住人。ピーターパンのように空をも飛べると信じていた人も多いでしょう。冒険に心躍らせる自分を、母親には「愛して見守っていてほしい」と願っていたに違いありません。ほかのきょうだいがいる中で、母親の愛情を得るためには「だれよりも面白い子」として目立つ必要がありました。いたずらだけど憎めないとか、明るく生命力に満ちた存在として、母親の日常を活気づけることこそ、母親に愛される手段と本能的に感じたことでしょう。実際の母親があなたの自由を侵害したり、あなたの楽観的な世界観を戒めたりすると、家を出て距離を置こうとします。あなたの望む「自由を侵害せずに、決して見捨てず見守る」という愛の形を求めて、恋愛遍歴を重ねることになるかもしれません。

◆人間関係の営み方や愛情の育み方

子ども時代の母親との関係は、あなたが成長過程で出会う人間関係に影響を与えます。射手座は狩人の星でもあるので、ターゲットを決めたら、まっすぐに矢を放ちます。つまり興味を持った相手には一直線に情熱をもって近づき、自分の考えや理想、また熱狂するものを分かち合いたいと思うのです。この人たちにとって〝親しさ〟とは、お互いを見つめ合うことではなく、二人で遥か前方にある未来や目標を見据えることです。友だちであれ恋人であれ、求めるのは信頼できる人生の伴侶です。あなたと母親との関係がそうであったように、スキンシップは求めても、いつもべったりと一緒にいることではありません。

月が射手座にある人は直観的なヴィジョンの持ち主で、初対面の相手にもかかわらず「この人とつき合うようになる！」と確信めいた予感がすることも少なくありません。恋に落ちた瞬間から狩人の血が騒ぎ、あなたは落ち着かなくなります。想いが叶いつき合いが始まると、また別の興味に心を奪われてしまうこともしばしばです。相手があなたを縛りつけたり、「責任」の2文字をちらつかせたりすると、窮屈に感じて解放されたいと思うようになります。理想的には、絶対的な信頼を築き、お互いに刺激し合える関係でい続けることです。もし幼少時に母親からの愛情を感じられなかった場合は、幻の〝理想の相手〟を求めて、恋愛や結婚を繰り返すことになります。未知の世界に憧れを抱く傾向から、外国人と結婚したり、海外に住む人も少なくありません。射手座の月は他の人々から何かを学ぶことを心地よく感じると同時に、自分が何かを教えることも嫌いではありません。射手座の月はまた、あなたが親になったときの愛情の育み方をも暗示します。かつてのあなたが母親からの自立を願ったように、ある段階が過ぎたら、子どもを愛して放任するというのが基本姿勢です。自分の母親との間に健全な愛情が築けなかった場合、子どもよりも自分の欲求を優先させる傾向が出てきます。この月の配置の親は、自分の子どもに対して、親というより友だちのような存在になります。

〈一人でいるときのふるまい〉

太陽星座の性質にもよりますが、人前ではいつも明るく、話し好きのあなたですが、一人のときは暗く落ち込んでいることもあります。常に熱狂できる何かを求めてやまないのが射手座の月。それが見当たらないときは、不安や焦燥感に駆られてしまうのです。とはいえ家でじっとしていることは稀で、運命を感じるような出来事を求めて外出したり、一人で車の運転をするのも好きです。もしくは世界観のある、アドベンチャーゲームなどにハマる人もいるでしょう。

〈安心を得るために必要なこと〉

未来志向の射手座の月は、希望のある、ワクワクしそうな約束をするのが好きです。「そこに行けばきっといいことがある」と心が落ち着くのです。安心したくて、事実を自分に都合よく拡大解釈する傾向もあります。本来、「冒険」と「安心」は対極にあるものですが、生きる意味や人生の意義を求める射手座の月は、意味のある冒険に心躍らせているときこそ、心に平安がある人々です。

〈適性〉

射手座の月はだれに対してもオープンで、旺盛な好奇心と知識欲にあふれています。デスクワークに縛られないアクティブな仕事環境に適しています。多くの人と接することができる営業職、スポーツ関連や旅行、動物に関わる仕事、また海外で働くのもよいでしょう。知的な興味を満足させられる教師も天職です。粘り強さと持続力に欠けるので、職業はしばしば替わります。

〈ストレス解消法〉

もやもやした気分を吹き飛ばすには、スポーツなどで体を動かすのがいちばんです。またレースと名のつくものに出かける、車の運転やドライブもスカッとします。人と出会えるパーティなどに出かけるのもおすすめです。

〈健康〉

射手座が支配する体の部位は、大腿部や股関節、肝臓です。体を動かすことが好きなので、いつまでも若々しくいられます。人生を謳歌するという基本姿勢から、中年期以降は美食に走り肥満傾向に。特にお酒が好きな人は、肝臓障害にも注意が必要。坐骨神経痛や痛風などにもかかりやすい体質です。

◆太陽星座と月星座との組み合わせ

太陽の星座が示す基本的な性格と、月の星座が表す普段の生活における習慣的な態度やふるまい、子ども時代に培われた無意識の性質や感情の本質がどのように作用し合うかを見ていきましょう。

〈太陽星座〉

♈ 牡羊座

小さなことにはこだわらず、フランクでちょっと「天然」なところがありますが、情熱を傾けられるものを見つけると、突然、ハンターに変身。共に火の星座なので、本質的には勝負師です。思いついたらもう走り始めているタイプ。

♉ 牡牛座

先の見えないことにワクワクする射手座の月を、安定した生活を好む牡牛座の太陽がしばし押さえつけます。恋愛面でも、束縛を嫌う月と相手を所有したい太陽が矛盾を生む組み合わせ。射手座の直観をビジネスに生かせれば最高なのですが。

♊ 双子座

満月前後の生まれ。何かに夢中になっているときは天にも昇る気持ちですが、その状態が長く続かないことを双子座の太陽は知っています。旺盛な好奇心はジャーナリスティックな才能を授けますが、心は常に移ろいやすくメンタル弱し。

♋ 蟹座

思いついたことを即、行動に移さずにはいられない月が、ときとして繊細な蟹座の太陽を傷つけます。自分の正直さを不安に思うかもしれません。月の直観と太陽の豊かな想像力がタッグを組むと、クリエイターとしての才能が開花しそう。

♌ **獅子座**

太陽と月が共に火の星座なので、温かみがありフランク。組織の中で人々を牽引する精神的リーダーとしての素質がありますが、大雑把で細かいことへの注意力に欠けます。おだてに乗りやすく、表現がオーバーで話を盛る傾向も。

♍ **乙女座**

乙女座の太陽とスクエア（90度）を形成する射手座の月。上弦の月の頃の生まれですが、自由に飛翔したい月を、現実的だからこそ臆病な太陽がダメ出ししがちです。求道的な月と学習能力の高い太陽の組み合わせは研究者向き。

♎ **天秤座**

ワイルドで情熱的な月と、文化的で洗練された生活を好む太陽は、ときとして対立します。それでも「人生を謳歌したい」という共通姿勢があります。人生を楽しむ方法論が違うのです。品性にこだわる太陽が奔放過ぎる月を持て余す場合も。

♏ **蠍座**

未知の世界を求めて先へ先へと進みたい月を、猜疑心が強く物事を深く掘り下げたい太陽が「まあ待て」とストップをかけそう。それでも月がもたらす予言的なヴィジョンが、太陽蠍座のミステリアスな魅力をより際立たせます。

♐ **射手座**

新月前後の生まれ。まさに射手座の中の射手座です。冒険家にして、哲学や宗教といった深遠なテーマにも心惹かれるでしょう。まっすぐで情熱的、常に理想を追い求めて広い世界へと飛翔する人。他人への気配りや気遣いに欠けるのが欠点。

♑ 山羊座

この組み合わせは社会的な人物をつくり上げます。月星座が望む「世の中をよくしたい、理想の世界を築きたい」という情熱を、現実的でストイックな太陽が地道に形にしていくという感じ。とはいえ弱者に寄り添う感受性に欠けます。

♒ 水瓶座

太陽と月の共通点は、共に束縛を嫌い自由を愛すること。そのため人生が根無し草的になる傾向があります。冒険好きで行動派の月が集めてきたものを、論理的な太陽が体系化できたら理想的でしょう。べたべたしたつき合いは苦手です。

♓ 魚座

下弦の月の頃の生まれ。情熱的で楽観主義者の月と、夢見がちで傷つきやすい太陽の組み合わせ。共に二重性の宮なので自己矛盾を抱えやすく、宗教や精神世界などの自分を支える信念体系を求める傾向が。アートへの興味や才能も。

山羊座の月

Moon in Capricorn

〈キーワード〉

◎外からの刺激に対し、本能的にしてしまうリアクション

何事にも注意深く慎重。自分のペースを乱すものに警戒心を抱く。

◎心から幸せを感じること

自分が組んだスケジュールを、予定通りに消化できているとき。

◎苦手とする状況

ルールや規則のない無秩序な集団の中に身を置くこと。大人げない、社会性のない人と仕事をすること。

◎あなたが恐れること

社会とのつながりが断たれて、根無し草のようになってしまうこと。

◎対人面で学ぶこと

あまり有能ではない人々に対して、苛ついたり、皮肉っぽい態度を取ったりしない。どんな人間にも価値があると気づくこと。

◆子ども時代に培われた無意識の性質

子ども時代の記憶をひもとくと、鮮やかな風景が浮かんでくるでしょう。あなたには、起こった出来事をありのままに描写する表現力が備わっています。その半面、そのとき自分が何を感じたかは、あまりよく覚えていないのかもしれません。集団の中で一人たたずむ、孤独な魂を宿した子どもの姿が見えます。山羊座に月があると、さまざまな事情で無邪気な子ども時代は、そう長くは続きません。何らかの理由で、心理的に早く大人にならざるを得ないのが、この月の人々の特徴です。

月は感情と深く関わっていますが、この配置の生まれの人は感情を素直に表現するのが苦手です。「気分はどう?」と聞かれたら、さりげなく話題を変えたり、今から何をする予定かを語り始めたりします。感情がないというわけではなく、自分が感情的に無防備な状態であることを恐れているからです。他人の激しい感情や気まぐれに左右されるよりも、自分でコントロールできる「何か」に忠実であるほうを好むのです。

伝統的な占星術によると、月にとって山羊座という星座空間は、「障害の座(デトリメント)」に当たり、月が象徴する感情を自らブロックする傾向があります。感情に振り回されずに事実をありのままに受け止めるので、有能で地に足がついていて勤勉に働く人です。根拠もないのに「たぶん、大丈夫」などと見通しの甘い発言もしないので、人から見ると「暗い」「悲観的だ」と思われがちかもしれません。月は生存本能にも関係します。安易な想像で我が身を危険にさらすより、事実に沿って判断を下すことで安心できる人々です。月はまた自分が〝快適で安全〟でいられる方法を表しています。山羊座の支配星は土星ですが、責任や制限がキーワードです。また山羊座はギリシャ神話の時の神・クロノスとも親和性があり、この月の生まれの人は、常に「時間」を意識して過ごしています。本来ならば本能のままにくつろいでいてもよい場面でも、今やらなくてもいいことを先に片づけたり、次の予定を決めたりすることで心が落ち着くというタイプです。責任のある仕事を担っていることが、〝快適で安全〟と感じる場合もあります。実用的な組織の一部でいることがあなたを安心させ、社会から断絶されたと感じると鬱状態に陥ったりします。あなたの太陽星座が、「人の評価など気にしない」「出世よりも自由でいたい」などと願うなら、山羊座の月は不安に感じて何かせずにはいられなくなります。あなたの視線は常に、その先にある目標やゴールを見据えています。生産的でありたいと願い、秘めた野心を胸に努力を重ねる人です。要領のよさとは無縁ですが、実はとても頼りになる人だと周りもわかっているはずです。

◆人からどう見えるか、また初対面の人への接し方

太陽星座の性質との組み合わせにもよりますが、山羊座に月がある人の印象は、注

意深く控えめです。周囲がある話題で盛り上がっていても、積極的に会話に加わることもなく、無関心な態度を取ったりもします。パーティなどの社交の場は苦手でしょう。人づき合いが嫌いなわけではなく、表層的な会話に楽しみを見いだせないからです。それでも人の輪に加わったときは、誠実で大人の対応ができる人です。会話でその場を盛り上げるのではなく、座る場所を確保したり、飲み物を持ってきたりして、実際に相手の役に立つことをしようとするのが特徴。この人の魅力は、初対面では伝わりにくいかもしれませんが、後になってから、約束はちゃんと守る責任感の強い人だと気づかされます。

◆母親との関係（愛を得る方法）

この世に生を受けて初めて出会うのは母親です。母親や養育者との関係を、月の星座は物語ります。月が山羊座にある子どもは、早く大人として自立することが、母親に愛される条件だと本能的に感じるようです。そのせいか、子どもの頃から遠慮がちで大人びた雰囲気を漂わせています。実際の母親がそう仕向けたからではなく、あなた自身がそう感じたことに意味があるのです。この配置の子どもは、無邪気に母親に甘えることが苦手です。忙しい母親に負担をかけないことが母親に気に入られる方法だと、無意識に感じたのかもしれません。きょうだいや父親のいる中で母の愛情を得るためには、だれよりも責任感が強く、自分のことは自分でやれる子どもである必要がありました。山羊座に月がある子どもは、子ども時代に「実は自分は孤児（みなしご）なのではないか」というファンタジーを抱く人もいるようです。したがって明るくふるまっていても、どこか孤独な影を宿しているのが特徴です。通常ならば幼少期に経験する〝母親との幸福な一体感〟を感じないまま、大人へと成長していきます。愛情表現は控えめで実際的です。母親、ひいては愛する人の「役に立ちたい」という思いが強く、黙って相手のためになることをさりげなく行う能力があります。あなたにとって究極の愛とは、「必要とされること」なのかもしれません。

◆人間関係の営み方や愛情の育み方

太陽星座の性質に社交性や押しの強さがあったとしても、月が山羊座にある人は「自分は人づき合いがあまり得意ではない」と思っています。子ども時代の母親との関係は、あなたが大人になってから出会う人々とのつき合いに影響を及ぼします。人づき合いでありのままの自分をさらけ出すというより、相手に対して「自分にできることは何か」を、自然に探してしまう癖があります。おそらくそれは母親から必要とされることで、愛情を得ようとした名残でしょう。感情をあまり表に出さず、礼儀正しく責任感が強いのも特徴です。

実は自分一人でいるときが、いちばん落ち着けるのかもしれません。それでも人の集まりを企画するのは決して嫌いではありません。自ら幹事役を引き受け、店を決めたりメンバー全員に連絡を入れたりして、有能さを発揮します。それはまるで与えられたミッションを遂行することに喜びを感じるかのようです。会が始まると「主役」は人に任せて、自分は隅のほうで微笑んでいるというタイプ。「知り合い」の数を誇るより、少数の「真の友だち」がいれば満足です。感情よりも理性が優先するので、恋愛に関しても慎重です。その半面、感覚的な心地よさには敏感なので、一気に体の関係を結んでから徐々に愛が芽生える場合もあります。月が山羊座にある人にとって、愛する人と一緒に暮らすということは、責任と日課を分かち合うこと。家賃を払う、食事を作ることで愛情を表現する人もいます。言葉やムードよりも、実際の行動で評価されたい人ですが、愛の言葉や魂の潤いが必要な人もいることを忘れてはいけません。

山羊座の月はまた、あなたが親になったときの愛情の育み方をも暗示します。物事には正しい道があると信じるあなたは、倫理観が強く、子どもが社会に出てから困らないようにと、厳しいしつけをします。もし幼少時代に、母親の愛情を感じられずに育った場合は、育児に自信が持てないかもしれません。しかし忍耐強く責任感が強いあなたですから、まず自分を育て直すことから始めてみましょう。やがてあなたなりの、愛情の表し方がわかるようになるはずです。

〈一人でいるときのふるまい〉

人と一緒にいると、相手の要望に応えようとしてしまうので、楽しい半面、気が休まりません。山羊座の月は課題をこなすことに喜びを感じるので、ただリラックスすることやあるがままでいることが苦手です。人づき合いに疲れを覚えて、やっと一人になれたと思う間もなく、あなたの頭は次の予定について考えを巡らせます。お気に入りの飲み物を用意して、優雅なティータイムを楽しむつもりが、隙間時間を埋めるようにスマホをチェックしたり、必要な情報を調べたりしてしまいます。もしくは明日の準備に取りかかるかもしれません。

〈安心を得るために必要なこと〉

物事がきちんと組み立てられ、よく管理されていると安心できる人々です。もしそこに予定表があり、明確な行動規則やガイドライン（指針）が定義づけされていると自由に動けます。経済的に余裕があり、ある程度、社会的な地位が築けると、初めてこの世を謳歌することができるでしょう。自分が生産的な人間で、社会から必要とされていると感じることも安心材料となります。

〈適性〉

山羊座に月がある人は実用的で管理能力に優れるので、組織の中で力を発揮できる人たちです。ムダを嫌い、作業効率を常に考えて動くので、人より多くの仕事をこなせます。ＳＥ（システムエンジニア）などの技術職、職人なども適職です。仕事は生活の基盤と割り切るのなら、安定した公務員もよいでしょう。金融関係、マネージメント業やコーディネート業にも適性があります。

〈ストレス解消法〉

「規律や鍛錬」を好むマゾヒストの一面があるので、自分との闘いであるランニングや山登りがストレス解消になる場合も。また仕事のストレスや緊張から解放されたい場合は、思いっきり笑えるドラマを観るのもおすすめです。

〈健康〉

山羊座が支配する体の部位は、膝や関節、骨格、皮膚、歯などです。顔色が悪く見える人もいますが、丈夫で長生きする傾向にあります。幼少時代の骨の発育不良には注意が必要です。年を取るとリウマチや関節炎などにもかかりやすい。生真面目で悲観的になり過ぎると、鬱傾向にも陥ります。

◆太陽星座と月星座との組み合わせ

太陽の星座が示す基本的な性格と、月の星座が表す普段の生活における習慣的な態度やふるまい、子ども時代に培われた無意識の性質や感情の本質がどのように作用し合うかを見ていきましょう。

〈太陽星座〉

♈ 牡羊座

下弦の月の頃の生まれ。常に生きている実感を味わいたい太陽に対し、山羊座の月が無意識に「気をつけないと失敗するぞ」とブレーキをかけるので不満を溜め込みやすい。障害があるほど燃えるタイプですが、周りへの優しさも必要です。

♉ 牡牛座

のんびり優雅に生きたい牡牛座の太陽に対し、常にやるべきことを見つけて勤勉に働いてしまう山羊座の月。共に地の星座なので、現実的で金銭感覚にも優れていてビジネスの才覚あり。「安全・伝統」に縛られ、奔放さには欠ける組み合わせ。

♊ 双子座

双子座の旺盛な知的好奇心に対し、ムダを嫌う山羊座の月が「それって、将来役に立つのか」と疑問を投げかけます。最良の場合は複数の興味を、二足の草鞋《わらじ》を履くパターンで両立させることが可能。損をしない変化の起こし方を考えてみては。

♋ **蟹座**

親密な人々との温かい触れ合いを求める太陽と、社会や仕事で認められたいと願う月の欲求は、一見相反します。満月前後の生まれで、常に家庭や個人的な願いと仕事の板挟みになりがち。人生の目標は、双方の望みを融合させることでしょう。

♌ **獅子座**

人生にドラマティックな感動を求める太陽に対し、失敗や転落を望まない抑圧的な月が葛藤する組み合わせ。贅沢を好む獅子座VS節約を愛する山羊座。太陽の自己表現欲求を、有能な山羊座の月を使ってサポートできたら最高です。

♍ **乙女座**

共に地の星座なので、調和的な組み合わせです。几帳面な太陽の願いを、実務能力のある月がゆっくりと、着実に形にしていきます。現実的で控えめできちんとした人ですが、心配性で冒険はしないタイプ。健康オタクな面がありそうです。

♎ **天秤座**

人間関係を大切にする太陽に対し、山羊座の月は人に厳しく孤独に強い面がありま す。これは上弦の月の生まれで、対人面で葛藤が多い組み合わせ。パートナーに期待をかけ過ぎると失望します。人に対し〝頼み上手〟になりたいものです。

♏ **蠍座**

世の中の流行や一般論には流されない蠍座。山羊座の月は地に足がついたやり方で、太陽の望みをサポートするでしょう。社交性に乏しく、やや悲観的な傾向も。多少無理をしてでも、人と接する機会を増やすと世界が広がりそう。

♐ 射手座

心から熱中できるものを求めて放浪したい太陽を、生真面目で規則を重んじる月が抑制する傾向。とはいえ現実的な月のおかげで、根無し草にならずに済んでいるとも言えます。太陽が望む冒険を、「安全」な形で月が実現できれば最高です。

♑ 山羊座

新月前後の生まれ。ある種の子どもっぽさと、老成したような感性が奇妙な形で同居しています。常識人だからこそ「そううまく事は運ばない」というあきらめ癖がデフォルト設定です。物事を仕切りたがる願望を内に秘めています。

♒ 水瓶座

独創的で束縛を嫌う水瓶座は、因習に縛られない自由人。対する山羊座の月は常識があり、控えめで努力家なので、自己矛盾を抱える組み合わせ。あなたの永遠のテーマは、革新VS伝統。そのふたつを融合できる道を探ってください。

♓ 魚座

夢やロマンを追い求める魚座と、明日の支払いが気になる責任感の強い山羊座の月は、一見、相容れない組み合わせ。月のストイックさがあればこそ、太陽の願いも実現可能になると考えてみては。人を救い助ける才能に恵まれます。

水瓶座の月

Moon in Aquarius

〈キーワード〉

◎外からの刺激に対し、本能的にしてしまうリアクション

一見、クールな印象ですが親しみやすく友好的。周りを気にせずに、本質を突いた発言をしてしまう。

◎心から幸せを感じること

精神的に自由であること。知的な興味を周りの人々と分かち合えたとき。

◎苦手とする状況

無意味な規則や閉鎖的な人間関係に縛られること。変化のない日常が続くこと。

◎あなたが恐れること

この世界が極端な管理社会となり、自分の自由や権利が侵害されること。

◎対人面で学ぶこと

大切な人々にちゃんと愛情表現をする。団体行動の際は協調性を大切に。

◆子ども時代に培われた無意識の性質

あなたがまだ子どもの頃、初めて出会うものはすべてが驚きと発見に満ちていました。言葉を覚えるようになると、起こった出来事や世の中の慣習に対し「なぜ？　どうして？」と疑問を呈し、周りの大人を困らせたことがあるはずです。

月が水瓶座にある人は、少し風変わりな想像力の持ち主です。あなたの中には〝小さな革命家〟が住んでいて、子どもの頃から窮屈な世の中のルールに居心地の悪さを感じていました。とはいえ力を持たない子ども時代にできることは、ユニークな想像力を発達させることでした。奇妙で風変わりな考えが頭をよぎり、それに夢中になったこともあったでしょう。当時は「あり得ない」と大人に一刀両断にされた考えや想像が、数十年先には当たり前になるかもしれません。そういう意味では、先見の明がある人たちと言えるでしょう。

月は感情と結びついていますが、水瓶座の月は物事を直観的に理解するところがある半面、人の気持ちとなるとさっぱり見当がつきません。だれかに強い感情をぶつけられると、困惑してその場から去りたくなるかもしれません。一人になったときに、そのときの感情について、自分が何をどう感じたのかを、理性で分析することで安心できる人たちです。月は生存本能とも深く関わっています。常に頭脳明晰でいたい水瓶座の月にとって、人間の感情ほど曇っていて曖昧なものはありません。自分の心を脅かす親密過ぎる人間関係から距離を置くことで、心の平静が保たれるというわけです。

月はまた自分が〝快適で安全〟でいられる方法を表します。水瓶座の支配星は自由と革命を司る天王星です。この惑星はギリシャ神話の天空の神・ウラヌスに相当。あなたの中にはウラヌスが象徴する現状を打ち破る力や、あらゆる規制や束縛から自由になりたいという願望が眠っています。となるとこの月の配置は、〝快適で安全〟と感じる状況が、一風変わっていると想像がつきます。常に自分を変革し、進化することが快適さや安全につながるからです。天空の神・ウラヌスが放つ雷に打たれたかのように、突然、ある考えが浮かぶことがあります。その結果、今までの自分とは相容れない何かが生じ、変化せざるを得なくなるのです。停滞し、思考停止に陥ることこそ、あなたが最も恐れることなのでしょう。細胞が新しく入れ替わるように常に進化し、見晴らしのよい場所に立つことで、あなたの心は安心できるというわけです。

太陽星座の性質にもよりますが、水瓶座の月は人にもモノにも執着が薄いようです。激しい自己主張とも無縁で、ときどきぼんやりしていたりしますが、不公平や不正に関わる問題には敏感に反応します。また基本的人権が侵害されると、あなたの中の変革精神が目覚めます。見ず知らずの人であっても、不当に扱われていると救いの手を差し伸べずにはいられません。

◆人からどう見えるか、また初対面の人への接し方

水瓶座に月がある人の印象はクールであると同時に親しみやすく友好的です。ある共通の話題で盛り上がったからといって、一気に距離を詰めてくることは稀です。初対面で打ち解けたように見えても、2回目に会ったときは無視される場合もあるからです。それはその場にもっと面白そうなものがあると、興味が移ってしまうからです。常に人との距離を保っておこうとするのも特徴。社交の場では、楽しげに会話をしていたかと思うと、突然どこかに消えてしまったりもします。そんな変わり者の水瓶座の月の性質を理解し、受け入れてくれる人にはうれしそうに懐く傾向もあります。

◆母親との関係（愛を得る方法）

月の星座の性質は、この世に生を受けて初めて出会う人間、つまり母親との関係を暗示します。幼少時代のあなたは、自分を育み慈しんでくれる唯一無二の存在に、ただならぬ好奇心を抱いたことでしょう。「この人はだれか？　もっとよく知りたい」と興味を持つことが、この配置の人にとって愛の始まりなのでしょう。

言葉を覚え始め、家の外にも世界が広がっていると気づくと、早くも母親からの自立が始まります。母親との心地よい一体感を自ら切り離し、少し距離を置いて母親を眺めるようになるのです。外の世界で体験したことをうれしそうに母親に報告したことでしょう。父親やほかの家族がいる中で、母親の愛情や関心を自分に向けるには、あなた自身が母親のよき理解者となることでした。またきょうだい間で不公平に扱われることは、水瓶座の月にとって我慢がならないことです。もしかしたらすでに子ども時代から、「親子であっても人間としては対等」という感覚を抱いていたかもしれません。月が水瓶座にある人にとって、愛とは相手を理解して、お互いの自由を尊重し合うことにほかなりません。もし実際の母親が干渉し過ぎるタイプだと、水瓶座の月は早くから家を出たいと思うでしょう。自分の個性や少々変わった感性を理解してくれる人を見つけることが、あなたの人生ではとても重要なことだからです。

◆人間関係の営み方や愛情の育み方

子ども時代の母親との関係は、あなたが成長過程でどのように人と関わり、友情や愛情を育んでいくかを暗示しています。月が水瓶座にあると、だれに対してもフランクで友好的。人づき合いの基本は自由・平等・博愛精神にあり、特定の人だけに深入りすることは稀です。そのため自分ではかなり親しくしているつもりでも、相手はあなたの心の奥まで近づけないような感じを抱くかもしれません。友だちであれ恋人であれ、あなたが求めるのは「情愛」ではなく「友愛」です。あなたと母親の関係がそうであったように、相手があなたの個性を理解して自由にさせてくれれば、よい関係が築けます。ところが相手があなたを独占しようとしたり、干渉し過ぎたりすると、関係息苦しさを感じて逃げたくなってしまうのです。
　また水瓶座の月は、対人関係にはかなり進歩的でユニークな考えを持っています。たとえば法的な枠にとらわれない自由な結婚、逆に法律を利用した便宜上の結婚もありでしょう。またＬＧＢＴＱに対する理解と共感も、この人たちにとっては当たり前のことかもしれません。人の感情や心情に対するあなた独自の見方や態度は、少々過激で風変わりなので、図らずも相手を傷つけてしまうこともあるようです。それでも本人は「愛」に関して非常に高い理想や基準があり、相手に誠実でありたいと願う純粋な人なのです。他人には理解できなくても、二人の間に信頼や知的な相互理解があれば、お互いの自由を尊重し合える愛情生活が続きます。水瓶座の月はまた、あなたが親になったときの愛情の育み方をも暗示します。子ども時代に親から不公平な扱いを受けた人は、自分だけはそうなるまいと心に誓うでしょう。我が子であっても一人の人間として、その子の個性を尊重します。ただし子どもの性質によっては、その態度が「自分に無関心で冷たい親」と映る場合もあります。特にスキンシップが愛情の証だと感じる子どもには、ときどきは思う存分に甘えさせることです。

〈一人でいるときのふるまい〉

　水瓶座の月は、自由と孤独が背中合わせであることを知っています。太陽星座の性質にもよりますが、大勢の人と一緒にいても、どこかわかり合えない孤独感を抱くこともしばしばです。この配置の人は孤独に強く、一人遊びができる人です。何もせずにぼんやりしている至福の時間もありますが、たまに所在なげで不毛な感じを漂わせていたりもします。思いついたことをＳＮＳでつぶやき、それに対する反応を楽しんでいるかもしれません。また突然、ある考えが浮かび、それを実行に移すべく家から飛び出していく姿も目に見えるようです。

〈安心を得るために必要なこと〉

孤独には強い半面、世界のどこかに自分のよき理解者がいると思うと、水瓶座の月は安心できます。自分の同類や仲間を探すために、ネットワークを広げることにも余念がありません。実際に趣味や主義主張を共有できるグループや仲間を見つけ、彼らと一緒に行動することもあるでしょう。

〈適性〉

月が水瓶座にある人は、古い慣習などに縛られる大組織には向かないかもしれません。科学やエレクトロニクスに強いので、企業の研究室で商品開発をしたり、ＩＴ関係にも適性が。また創造性と先を読む力からメディア関係やファッション業界、映画産業などに携わるのもよいでしょう。グローバルな視野を生かし、政府機関や社会貢献に関わる仕事をするのも向いています。

〈ストレス解消法〉

頭を使うチェスなどのボードゲーム、また仮想空間で仲間と一緒に敵を倒すオンラインゲームなども、最高のストレス解消法。地球の息吹が感じられる場所、たとえば山頂や砂漠などで天体観測をするのもおすすめです。

〈健康〉

水瓶座が支配する体の部位は、ふくらはぎ、くるぶし、循環器系です。また血圧に関すること、特に低血圧の人が多く、体質的にあまり丈夫とは言えません。末梢神経の冷えに悩まされる人もいます。長期にわたりストレスを受けると、原因不明の難病にかかることもあります。

◆太陽星座と月星座との組み合わせ

太陽の星座が示す基本的な性格と、月の星座が表す普段の生活における習慣的な態度やふるまい、子ども時代に培われた無意識の性質や感情の本質がどのように作用し合うかを見ていきましょう。

〈太陽星座〉

♈ **牡羊座**

物事を客観的にとらえるクールな月の背後には、情熱的でどこまでも熱い太陽が控えています。議論をふっかけられると受けて立つ論争好きの一面も。冷静と情熱の間を揺れ動きながら、自分の個性を生かせる道を探る人生です。

♉ **牡牛座**

太陽と月がスクエア（90度）となる下弦の月の頃の生まれ。安定した人生や生活を好む太陽に対し、束縛を嫌い自由に生きたいと願う月。牡牛座が望む豊かで安定した生活を営むために、水瓶座の変革精神を上手に利用できれば最高です。

♊ **双子座**

太陽と月が共に風の星座にあるので、相性のよい組み合わせ。新しい知識や情報を得ることには熱心ですが、べったりとした人間関係は苦手です。頭の中はあらゆる知識の宝庫ですが、それを仕事に生かせるようにしたいものです。

♋ **蟹座**

「自由でいたい、束縛は苦手」と言いつつ、蟹座の太陽は人との親密な絆を求めています。平等や博愛精神を謳いながら、実は同族意識が強いという自己矛盾を抱えた人です。蟹座の豊かな感受性と水瓶座の独創性が共存する道を探りましょう。

♌ **獅子座**

満月前後の生まれ。自由・平等・博愛精神に満ちたクールな月と、ドラマティックな人生を望む情熱的な太陽が心の中で葛藤しています。共に不動宮なので頑固で一貫性がありますが、変化に対応する柔軟性を身につけたいものです。

♍ **乙女座**

水瓶座の月は宇宙の塵《ちり》について考えを巡らせる。対する乙女座の太陽は部屋の中の塵が気になります。自分の中にあるマクロな視点とミクロな視点とを結びつける「何か」を探ってみては。自然科学に強く、白衣が似合いそうな組み合わせ。

♎ **天秤座**

共に風の星座で美意識に優れています。〝クールビューティ〟という言葉が似合いそうな人ですが、踏み込んだ人間関係が苦手。起こった出来事を解説することはできても現実対処能力に欠けます。複雑な人間の感情について学ぶ必要が。

♏ **蠍座**

蠍座の太陽とスクエア（90度）を形成する水瓶座の月。上弦の頃の生まれですが、何事も深く味わいたい情緒的な太陽と、束縛を嫌う軽やかな月が対立します。心の中の漠然とした不安を、文章や何らかの表現行為で追求してみては。

♐ **射手座**

常に理想を求めて飛翔したい太陽を、オープンで知的好奇心の強い月がサポート。射手座と水瓶座は共に自由を求め束縛を嫌います。サバサバしていますが、人の気持ちには鈍感。遠くを見つめて目の前の現実を疎かにしがちな面も。

♑ **山羊座**

伝統や常識を重んじる山羊座の太陽と、因習を嫌う革新的な月。自分の中で常に伝統VS革新のせめぎ合いがありそう。水瓶座の月が突然、予期せぬ行動に走っても、責任感の強い太陽がうまい落としどころを見つけられればよいのですが。

♒ **水瓶座**

新月前後の生まれ。太陽も月も水瓶座にあると、一見、普通のようでも、かなり風変わりな感性の持ち主です。家族や会社への帰属意識が薄く、どこか飄々としています。あなたの人生は、興味や考え方などを共有できる友を探す旅のようです。

♓ **魚座**

情緒的でロマンティストの太陽に対し、客観的でクールな月。水瓶座の博愛精神と魚座の自己犠牲精神が手を組むと、社会的に立場の弱い人への温かいまなざしが生まれます。金銭への執着が薄く、アートや映像への興味や才能も。

魚座の月

Moon in Pisces

〈キーワード〉

◎外からの刺激に対し、本能的にしてしまうリアクション

物腰柔らかく穏やか。無意識に相手に同調してしまう。

◎心から幸せを感じること

日常が平穏で愛に満ちていること。また周りの人々と心をひとつにして、感動を分かち合えるとき。

◎苦手とする状況

仕事や人生で、だれかを不幸にするような厳しい決断を迫られること。

◎あなたが恐れること

愛する人に嫌われること。また人心が荒廃し殺伐とした世の中になること。

◎対人面で学ぶこと

自分の意思で「YES」「NO」をはっきり言うこと。人に対し「きっとこうに違いない」という思い込みを捨てること。

◆子ども時代に培われた無意識の性質

誤解を恐れずに言えば、月が魚座にある人は、まるで夢の世界の住人のようです。小さい頃からお絵かきや勉強に頭角を現す才気煥発なタイプもいれば、いつも恥ずかしげでどこかぼんやりしていて、優しさに満ちたタイプもいます。表面的な出方がさまざまなので、「これぞ魚座の月！」と言い表すのが難しいのですが、無色透明で純粋だからこそ、何色にも染まりやすい素地を持っていることだけは確実です。

月は感情と深く結びついています。魚座の月はまさに感情の申し子のようです。情緒的で喜怒哀楽が激しく、感激しやすい心を持っています。事実をありのままにとらえるというより、自分の印象を事実にまとわせる傾向があります。魚座の月は何よりも、周りの人から感情的な反応を引き出すことを望んでいます。その反応が嫌悪感や怒りであったとしてもです。なぜならこの人たちにとって、感情こそ自分と他人との間にある境界線を溶かし、一人ぼっちで疎外されているという恐怖から救ってくれるものだからです。起こった事実をそのまま受け入れるというより、そのとき自分が何をどう感じたかに意味があるのです。

魚座の月の最も基本的な欲求は、やや抽象的ですが「自分より大きなものの一部である」と感じられることです。たとえば自分が広大な宇宙とつながっていて、その一部であるという感覚であったり、愛する人との一体感だったりします。たった一人で寄る辺ない自分を支えてくれる信念体系に、精神的なよりどころを求めたりもします。

月はまた、自分が〝快適で安全〟でいられる方法を表します。魚座の支配星は、夢と幻想を司る海王星です。通常ならばお金や社会的な地位が「安全」「安心」をもたらすという人が多い中、魚座の月が感じる快適さは、自我をなくすほど何かに夢中になることだったり、夢を追い続けることだったりします。ギリシャ神話の酒と酩酊の神・ディオニソスも、魚座に関係の深い神です。何かに酔い、恍惚とした状態に陥ると、人は仕事のことも日々の支払いも頭から消えて、「私」という感覚すらなくなります。ある意味それは「神」の領域に足を踏み入れるようなもの。自分を超えた神聖なものに触れる瞬間に、魚座の月は「生きている！」という実感を味わい、心から満たされるのでしょう。

豊かな感情を持つ魚座の月の人々は、自分が本当に必要としているものがわからないこともあるようです。人の反応があって初めて、自分が望むものが見えてくるからです。だれかに認めてもらいたいという承認欲求が、しばしあなたを苦しめます。できればゆっくりと時間をかけて、自分が感じていることに価値を認めることができるように、自分自身を育てていきたいものです。

◆人からどう見えるか、また初対面の人への接し方

魚座の月は、色にたとえれば無色透明。だからこそそれぞれの太陽星座の性質を反映し、さまざまな表れ方をします。一般的には魚座の月の人は、周りに同調して相手をくつろがせるのが得意です。穏やかで優しげな雰囲気を醸し出しているので、一緒にいて心地よさを感じる相手です。何かに感動しているとき、この配置の人は饒舌になり、瞳はウルウルと潤んでいるように見えます。少しお酒が入ると、その特徴は顕著になります。彼らはまるで子どものような純粋さを宿していて、周りの人を幸せな気持ちにさせます。とはいえ人の気持ちを察知する共感能力を発揮し過ぎて、後になってからそれが自分の意思とは反するものだと気づいたとき、ちょっと落ち込んでしまうかもしれません。

◆母親との関係（愛を得る方法）

月は私たちが社会で出会う人間関係を表す重要なファクターです。生まれたばかりの子どもにとって、母親は世界そのものです。月が魚座にある子どもは、自分がまだ生まれる前、母の子宮の中で完全に守られた存在であったことを、覚えているのかもしれません。どの星座の月よりも、母親との一体感を無意識に求める子どもだったでしょう。母に愛され気に入られることが、あなたの命をつないでいく唯一の方法でした。そのため自分の個性を犠牲にしてまで、母親と自分を同一視する必要がありました。母親の望みを叶えてあげたいという気持ちが、どの星座の月よりも強い子ども時代を過ごしてきました。もしあなたにきょうだいがいれば、その中でだれよりも母親の気持ちを汲むことができる共感能力を発達させてきたことでしょう。ほかのきょうだいたちが母親から自立していく中、あなただけは母親に寄り添い、味方であり続けました。そんな母親との関係は、あなたが大人になってからの恋愛に影響を及ぼします。魚座の月の愛情表現は自己犠牲的で、相手が望む「あなた像」を無意識に演じることで愛情を得ようとする傾向があります。もし子ども時代に親から冷たく拒絶された経験がある子どもは、より感情的な愛着を求めて相手に依存するか、逆に愛することを恐れて最愛の人から逃れるといった反応を見せる場合もあります。

◆人間関係の営み方や愛情の育み方

幼少時代の母親との関係は、あなたが成長してから出会う人間関係に影響を及ぼします。子どもの頃のあなたと母親は、まるで一心同体で、母親の考えや価値観が、常にあなたの中に流れ込んできたものです。魚座に月がある人は、つき合う相手と同化することに喜びを感じます。恋人やパートナーが変わるたびに、あなたの趣味やものの考え方、服装の好みまでもが相手の影響を受けることになるでしょう。

感受性が豊かで感傷的なあなたは、すべての月星座の中でいちばんロマンティストです。人を信じやすくナイーブなので、個性の強過ぎる人と接すると、いとも簡単に感化されたり、悪意のある人物に弱い心を利用されたりします。けんかや攻撃的な態度が苦手なあなたは、相手と戦って理解を深めるというより、その場から逃げることを選びます。かつて母親との本質的なバトルを避けるためには、言いなりになるか、もしくは物理的に離れるかしかなかったのでしょう。確かに状況に流されたほうが心地よい場合もありますが、あなたの理想を相手に投影するのではなく、真実を見る目を養うことも大切です。相手の望みを察知して動いてしまうあなたは、きっと異性にもモテるはずです。しかし自己犠牲的な愛情を捧げ過ぎて、相手を甘やかしてしまうかもしれません。実際に問題を抱えている人に、自ら引き寄せられる傾向もあるようです。魚座の月の愛情表現は両刃の剣。自分の個性を犠牲にせず、よい関係を築けるように努力してみましょう。そしてできれば二人の関係を超えたところに、アイデンティティや人生の意義を見つけるようにすると、得るものも多くなるはずです。

魚座の月はまた、あなたが親になったときの愛情の育み方をも暗示します。もし子ども時代、親に理解されなかったという心の傷があると、自分の子どもに対して必要以上に愛着を持ち、過干渉になる場合があります。我が子には自分を犠牲にして愛を与えますが、愛情の見返りを期待する面も。必要とされるときに惜しみない愛を与えつつ、子離れもできるようになりたいものです。

〈一人でいるときのふるまい〉

人と一緒にいるときのあなたは、自分の欲求を後回しにしがちです。一人のときは周囲の人々の気持ちに応える必要がないので、思う存分、楽しい空想に耽《ふけ》ったり、趣味に没頭したりしているでしょう。人に会う予定がない日は、パジャマのままでダラダラ過ごすのも最高です。また疑似恋愛はだれに気兼ねなくロマンティストの本分を発揮できます。休日は憧れのスターの映画や音楽を堪能する〝一人○○祭り〟をやっているかもしれません。

〈安心を得るために必要なこと〉

他人と自分を隔てる境界線が曖昧な人たちなので、すぐに人の影響を受けてしまいます。そのため安易に傷ついたり落ち込んだりしますが、そんなときはだれも入り込めない〝心の王国〟に逃げ込むことです。空想の世界に入り、そこで傷ついた羽根を癒やすことができたら、あなたは復活できます。ポジティブな想像力、つまり夢見る力を持ち続けることが、「安心」につながります。

〈適性〉

魚座に月がある人は、お金では動きません。そこに夢やヴィジョンがあって初めて、やる気が出る人々です。クリエイティブな環境、たとえばファッションや音楽、映像業界、またアートへの関心と適性があります。心身共に人を癒やす仕事、医療関係、医者や看護師、介護福祉士またヒーラー（治療師）、カウンセラー、セラピストとしても才能を発揮できるはずです。

〈ストレス解消法〉

世知辛い現実から積極的に逃避するのがいちばん。あなたのことをだれも知らない場所に出かけ、ぼうっと無為に過ごせば、日々の生活の垢が洗い流せます。旅に出る時間がなければ、自分自身の中に逃げ込む〝瞑想〟もおすすめです。

〈健康〉

魚座が支配する体の部位は、足、リンパ腺、脂肪などです。また細菌の感染に対する抵抗力が弱いようです。薬品の副作用に注意し、薬の乱用は避けること。厳しい現実から逃れる方法として、酒やドラッグに溺れる傾向もあります。むくみやすい体質なので、老廃物を流すリンパマッサージなども効果あり。

◆太陽星座と月星座との組み合わせ

太陽の星座が示す基本的な性格と、月の星座が表す普段の生活における習慣的な態度やふるまい、子ども時代に培われた無意識の性質や感情の本質がどのように作用し合うかを見ていきましょう。

〈太陽星座〉

♈ 牡羊座

強気（牡羊座の太陽）かと思えば打たれ弱く（魚座の月）、自己中心的でありながら「NO」と言えない優しさも秘めた複雑な性質。傷ついた人への優しいまなざしがある魚座の月を、行動力抜群の太陽がサポートできれば最高です。

♉ 牡牛座

魚座の月は〝夢見る少年少女〟然としていますが、牡牛座の太陽はもっと現実的です。月の想像力や芸術性を、五感を駆使して形にできるクリエイターとしての才能を秘めた組み合わせ。締め切りや約束にはルーズな面が否めません。

♊ 双子座

太陽と月がスクエア（90度）になる下弦の月の頃の生まれ。サバサバして情緒的なつき合いを好まない太陽が、なぜか無意識に同情心を発揮してしまう月に苛立ちを感じる組み合わせ。クールさと優しさが同居したツンデレキャラ。

♋ 蟹座

太陽と月が共に水象星座なので穏やかで優しく、人の気持ちに敏感です。人が望むことを叶えてあげたいと動くものの、肝心の相手が自分勝手だと、突然ヒステリックに相手を糾弾する面も。自分のやりたいことを明確にする必要が。

♌ 獅子座

ドラマティックな人生を愛する太陽を、ロマンティストの月がサポート。ただし人にも出来事に対しても「こうなるといいなぁ」という理想を投影してしまいがち。思い込みの激しさを自覚し、客観的な視点を持てるようにしたい。

♍ 乙女座

満月前後の生まれ。情緒的で少々アバウトな月と、ディテールにこだわり完璧さを求める太陽が心の中で葛藤します。共に柔軟宮なので、ブレない一貫性を養う必要が。魚座の月が抱く理想を、乙女座の太陽が現実化できれば最高です。

♎ 天秤座

社交性があり、人生を楽しみたい太陽と優しく情緒的な月。美しいものや芸術を愛する点では共通点がありますが、だれでも受け入れてしまう月と人との距離感を保ちたい太陽が矛盾を孕んだ組み合わせ。人に嫌われる勇気を持ちたい。

♏ 蠍座

共に水の星座で思いやりや優しさを備えています。とはいえ孤独を愛し、頑固で探求心旺盛な太陽と、寂しがり屋で流されやすい月の組み合わせに自己矛盾を感じる人も。できれば「自分の見たい世界だけを見ていたい」という人です。

♐ **射手座**

太陽と月がスクエア（90度）を形成する上弦の頃の生まれ。気弱で傷つきやすい月の背後に、大胆不敵で冒険好きの太陽が控えています。グラつきがちな自分を支える信念体系を常に求めるものの、ハマりやすく飽きっぽいのが特徴。

♑ **山羊座**

仕事で認められ経済的にも安定したいと願う太陽に対し、どこまでも夢見がちで出世欲に欠ける月。どちらか一方を嫌うのではなく、自分の中のリアリストな面と、ロマンティストな面とを共存させる方法を探ってみましょう。

♒ **水瓶座**

エモーショナルで感激屋の月を、客観的でクールな太陽が持てあます傾向が。それでも月の優しさや共感能力と、太陽の博愛精神がタッグを組むと、社会的弱者を救いたいというスローガンが生まれます。映像やアートの才能もあり。

♓ **魚座**

新月前後の生まれ。類稀《たぐいまれ》な想像力や不思議な直感が天才肌を創り上げるものの、現実逃避の傾向も。妙に自信たっぷりな面がありますが、人や社会から拒絶されると激しく傷つきそう。お酒や恋愛に依存しやすい面は要注意。

4 月に栄養を与える

◆自分の中の太陽星座と月星座を自覚し、融合させる

太陽星座中心の占星術に物足りなさや違和感を抱いていた人も、月星座を知ることで、自分の複雑な心の動きに気づくことができます。太陽星座が意志を貫き、自分の目的を達成するために動く一方で、月の星座はもっと本能的に「安心」を得られる方法を探し、感情的な幸福を求めます。太陽と月は、私たちのだれもが内面に持つふたつの異なる心の働きを表しています。月が象徴する「本能」の働きは、そもそも太陽が求める「人生の目標」とはぶつかり合うものです。どんな人の心の中にも葛藤があり、自分自身とつき合っていくうえで何らかの困難や生きづらさを感じることになります。

各月星座と太陽星座との12パターンの組み合わせは、それぞれの月星座の最後に説明をつけ加えたので、参考にしてください。月は約1か月かけて黄道12宮をひと巡りするので、たとえ同じ年に生まれた牡羊座であっても、月星座は12の星座に振り分けられます。つまり太陽と月が同じ星座にあるという新月前後に生まれた人以外、太陽と月はみな同様に別の星座にあるわけです。

太陽星座と月星座のアスペクトについても少し触れておきましょう。アスペクトとは、ふたつの惑星の間の距離を黄道に沿って角度で表したものです。太陽と月はお互いの関係をアスペクトを通じて表現します。それは弦楽器の弦が、それぞれの音色を出し合って、協和音や不協和音を奏でるのに似ています。

◆太陽と月のアスペクト

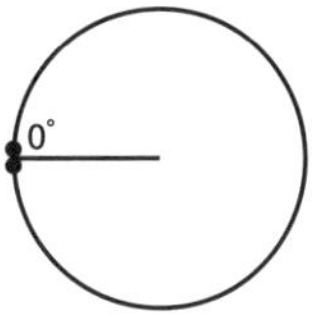

コンジャンクション　0度　強調、特定の星座が強化される

太陽と月が同じ星座にある新月前後に生まれた人。よくも悪くもその特定の星座やエレメント（火・地・風・水）の特徴が強調されます。自分の中に相反する要素があまりないので、どことなく心《しん》の強さを感じさせる一方、人の悩みや心の葛藤に寄り添う方法がわからない傾向があります。無自覚に不用意な発言をしてしまう人もいるでしょう。正直で一貫性がありますが、逆に人の矛盾した言葉や行動が理解できずに悩むこともありそうです。対人関係では、まず自分とは違うものの考え方、感じ方をする人がいることを理解することから始めてみましょう。それぞれのエレメントの特徴を学び、いかに自分とは違うかを考えてみるのもよいでしょう。

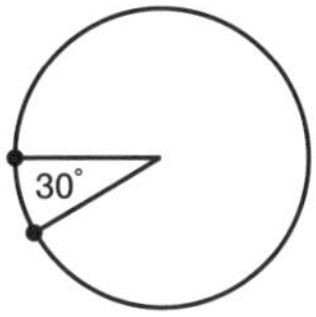

セミセクスタイル　30度　やや調和的だが円滑さに欠ける

太陽と月が隣の星座に位置している人。新月数日後、もしくは新月数日前に生まれた人。自分の中に異なるふたつの性質が混じり合っていることに、意外と無自覚かもしれません。月星座が表す、外からの刺激に対して本能的にしてしまうリアクション

と、太陽星座が持つ意志の力を色分けして考えてみると理解が深まります。たとえば牡羊座の太陽が情熱の赤、牡牛座の月は木々の緑、ひとつ前の魚座は海の青などなど。「今の自分は太陽星座の赤で決断を下そうとしているのか、それとも月星座の緑で反応しているのか」と自問自答してみるのです。そうするうちに自分の中の太陽星座と月星座の性質を理解できるようになります。また、あなたの中で太陽と月がタッグを組む、いうなれば赤と緑の混じり合った反応というのもあるものです。

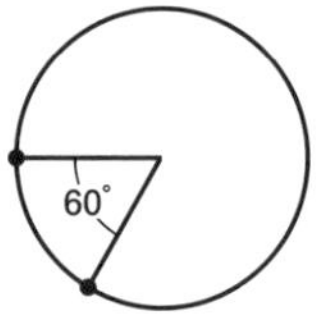

セクスタイル　60度　やや調和的、努力を要するが発展的

太陽と月が2星座分離れている関係。エレメントで言うと火象星座と風象星座の組み合わせか、地象星座と水象星座の組み合わせになります。火×風の組み合わせは〈2区分―陰陽〉で分類すると男性宮同士となり、地×水の組み合わせは女性宮同士となります。前者は物事に対して能動的で自己表現力があり、後者は受容的で自己抑制傾向があります。太陽と月がお互いに補い合う関係ではありますが、それぞれの星座の違いを自覚し、自分の中の異なる心の動きを理解したいものです。火×風の組み合わせの人は、地象星座や水星星座を、地×水の組み合わせの人は、火象星座や風象星座の性質を学ぶと、人間関係に役立つでしょう。

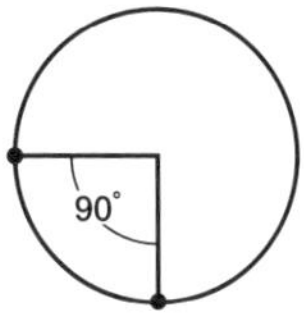

スクエア　90度　緊張や不安、不満。不調和だが創造的でもある

太陽星座と月星座が3星座分離れ、90度の角度を成している人。これは月の満ち欠けでいうと上弦の月、もしくは満月を過ぎた下弦の月の頃の生まれです。自分の中に相反するふたつの性質があり、常に戦っているような感じがします。太陽星座の決定に月星座が不安を覚えたり、逆に月星座の反応に太陽星座が怒りを感じたりします。太陽と月のエレメントは異なるものの（どちらかが男性宮で、もう一方が女性宮）、〈3区分―行動様式（モード）〉は一致しています。つまり内面に不満を抱えながら、活動宮同士の場合は常に忙しく動き、不動宮同士の場合は考えが堂々巡りをしてしまい、柔軟宮同士の場合は常に変化し続けるので心が落ち着きません。心の中に葛藤があるからこそ、それを自覚し乗り越えることで創造的になれる組み合わせです。

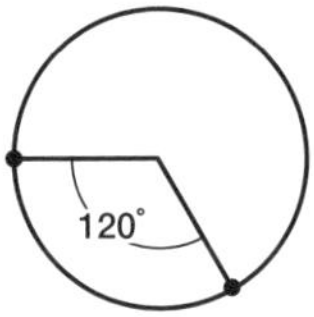

トライン　120度　調和的、葛藤が少なくてスムーズ

太陽と月が同じエレメントの星座に位置している人。月の満ち欠けでいうと上弦の月の数日後か、下弦の月の数日前に生まれた人たちです。これは太陽が示す「意識」や「自我」と、月が象徴する「本能」や「感情」の間に葛藤が少なく、穏やかである様を表しています。たとえば太陽も月も火象星座にあると、外から見ても情熱的で激

しい気性の人を思い浮かべますが、彼らは穏やかな雰囲気を漂わせています。人格のバランスが取れていて、突然だれかに当たり散らすというような性格的な破綻が見られません。火・地・風・水のどのエレメントが強調されているかにもよりますが、気分が安定し、自分がどうしたいかがわかっている人たちです。逆に葛藤が少ないことが、マイナスに働く場合もあります。人生で困難に出合ったときに、それを乗り越えるよりも楽なほうに流れやすい面があることは否めません。調和的だとはいえ、太陽星座と月星座の違いやそれぞれの性質を自覚すると、より自己理解が深まります。

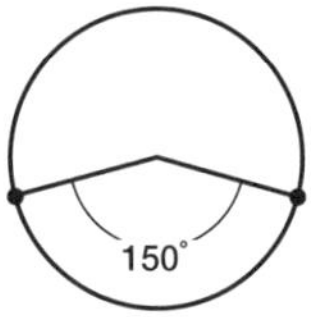

クィンカンクス　150度　隠れた緊張、調整能力

太陽星座と月星座が5星座分離れている関係。たとえば太陽星座の対宮（正反対の星座）のひとつ手前か、ひとつ後の星座が月星座になります。150度というアスペクトがもたらす影響は、隠れた緊張をもたらします。スクエア（90度）やオポジション（180度）ほど激しい葛藤や困難さはありませんが、太陽と月の性質があまりにもかけ離れているため、その違いを心の中でどう融合させるかがわかりにくい組み合わせです。太陽と月が同じエレメントではなく、活動・不動・柔軟という3区分も異なり、どちらかが男性宮でもう一方が女性宮という共通項が全くない組み合わせだからです。太陽星座の性質と月星座の性質をしっかりと把握し、今、自分の中ではど

ちらが主導権を握っているか、そしてもう一方はどんな反応をするか、自分の心を観察してみるとよいでしょう。

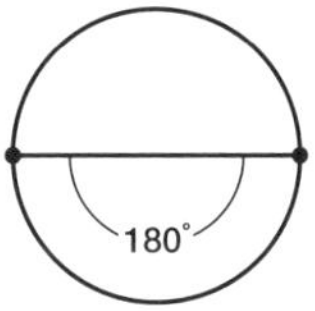

オポジション　180度　緊張と葛藤、人生を懸けて取り組むべき課題

太陽星座と月星座が、正反対に位置している人。これは月の満ち欠けでいうと満月、もしくは満月前後の生まれの人ということになります。スクエア同様、エレメントは異なりますが、行動様式を表す3区分（活動・不動・柔軟）と陰陽を表す2区分が一致しています。太陽と月の間には目に見えない糸がピンと張り詰めていて動きのない状態です。男性宮同士の火と風の星座で構成される組み合わせと、女性宮同士の地と水の星座で作られるオポジションがあります。前者は火の激しさや情熱と、風のクールさと論理性が対立し、後者は目に見えるものに価値を置く地の現実性と、水の情緒性やロマンティシズムが対立。また活動宮同士、不動宮同士、柔軟宮同士の組み合わせは、同じ思考・行動パターンに陥りやすく、それが悪循環を生むという暗示もあります。この組み合わせの人々は一生を懸けて、分断されている自分の心をひとつにする課題が与えられます。偉大な芸術家や学者、政治家などにも多く見られるアスペクトです。

確かに太陽星座と月星座のアスペクトを見ると、双方が調和的に働く組み合わせもあれば、不満や葛藤を生みやすい組み合わせもあります。占星術の古いテキストでは、よいアスペクトと悪いアスペクトがあると考えられてきました。心理占星術ではそれを「調和的」「容易である」とか、「不調和」「努力を要する」ととらえ、解釈が宿命的ではなくなっています。

なぜなら太陽と月のどの組み合わせにも意味があり、あなたという人間の個性を映し出しているからです。そこにはどんな組み合わせであってもそれなりの悩みや葛藤があり、この内在する緊張感こそが生きている証でしょう。おそらく、それなくしては意識の目覚めも、人間としての成長も得られません。

◆月に栄養を与え、自分で自分を育て直す

太陽星座と月星座の違いを自覚し、時間をかけてこのふたつの異なる心の動きを観察することは、自分の複雑な内面を理解するのに役立ちます。ここでは今一度、月星座についての洞察を深めていきましょう。

「First Love　月はまるで初恋のようなもの」だと第2章で説明しました。それは私たちのだれもが生まれて初めて出会う、母親との関係を言い表したものです。母親がいなければ、生まれたばかりの私たちは命をつないでいくことができません。まだはっ

きりとした自我に目覚める前の、混沌とした無意識の海に漂っているような幼少時代。私たちは手探りで、生き延びるための方法を身につけようとします。それはまさに生存本能とも呼べるものです。目の前にいる養育者である母親に気に入られなければ、愛されなければと、子どもは切ないまでに母親の愛情を得ようとします。子どもにとって母親との出会いは、初恋のようなものだと、かつての私の師である占星術家、ハワード・サスポータスは定義づけています。

出生時の月の星座が意味するものは、この世で初めて出会う大切な人にどうやったら愛されるか、つまり月星座は愛情を得る方法を表しているというのです。理想的にはあなたの月星座の性質を、そのまま心地よく受け止める母親であれば、相思相愛の関係となれますが、現実はなかなかそうとばかりは言えないようです。

たとえば月が双子座にある場合、知的好奇心が旺盛で落ち着きがなく、美的な鑑賞力を持ち、たえず社会との交流を求めるといった傾向が表れます。このような要求が母親によって満たされると、子ども時代にあなたの月は滋養を与えられ、今いる場所は安全だと思えるようになるのです。

母親が寝る前に世界のおとぎ話を生き生きと楽しそうに読み聞かせてくれたり、ワクワクする旅や冒険について語ったり、多少のお転婆なふるまいにも理解を示し、いい意味で放任してくれたら、人生を肯定的にとらえられるようになるでしょう。また成長過程であなたに合った最高の学校に行くように勧めてくれたら、あなたは自分の特性を素直に生かすことができ、自然と自尊感情を育むことができます。俗にいう「可愛い子には旅をさせろ」を実践できるような母親が、あなたには適しているということです。双子座に月がある子どもは、自分の話に耳を傾け、たえず発する疑問にも穏やかに答えてくれるだれかを必要としています。

ところがその母親が、自分の子どもの双子座的な特性を理解できず、否定的にしか受け止められなかったりすると、子どもの月のニーズに温かい反応を示すことができません。子どもの探求心や落ち着きのなさに対し、自分自身の欲求不満から憤りを感じて、イライラを子どもにぶつけてしまうことさえあります。もしくは母親自身の性質から、干渉し過ぎたり、やたら規則を設けるといった、子どもの要求に合わない愛情表現を一方的にし続けてしまう場合もあります。すると子どもの月は適切な心の栄養を与えられないまま、飢餓状態に陥ることになります。

このような子ども時代の不幸な経験が、大人になっても尾を引く恐れは大いにあります。愛されたいと願う一方で、やたら干渉し過ぎる恋人に母親を投影し、永続的な関係を築くのが難しくなってしまう人もいます。親密な関係になる前に居心地の悪さを感じて、恋愛遍歴を重ねてしまう場合もあるでしょう。子ども時代に熱望した知的好奇心の芽を摘まれた記憶から、知的コンプレックスの強い大人になる恐れもあります。だからといって家庭環境や、母親そのものに恨みを抱き続けてもあまりいいことはありません。

母親や周りの人々が、あなたの望む愛情表現を与えてくれないからと言って、それを不幸だと決めつけてしまっては、その先の解決法が見いだせません。自分の月星座の要求を知り、飢餓状態に陥っている心に自ら適切な栄養を与えることで、自分自身を育て直していけばよいのです。具体的な方法は各月星座の説明を参考にしつつ、自分が心地よいと感じる方法をいろいろ試してみればよいと思います。そう簡単なことではないかもしれませんが、占星術が役に立つかもしれません。占星術は自分の心と向き合い、あなたなりの答えを導き出せるツールだからです。

自分を育て直すと同時に、あなたの母親の人生についても、一定の距離を置いて眺めることができるようになればしめたものです。あなたと同じように、あなたの母親も心に葛藤を抱えている人間だと思い至れば、不幸の連鎖を断ち切ることもできるようになります。「お母さんも一人の女性として、思い悩んだかもしれない」。そんな境地に立てたら、母親との関係をもう一度やり直すこともできるでしょう。

この世に完全な人間などいません。そして占星術は不幸や不運を簡単に解消できる魔法の知恵などではありません。それでもときおり占星術メガネをかけて世界を、そして自分の心の中をのぞいてみると、星座や惑星の豊かなイメージが動き出し、うまく説明がつかなかったことに深い洞察を得ることができます。人生に安っぽい結論はいりません。あえて結論を導き出さなくてもいい。占星術をツールとして、一生を賭けて自分の内面を掘り下げていくことで、その都度、新しい地平に立つことができます。

生きづらさがあるということを自覚し、苦しさを抱えながら自分の月に栄養を与えて、あなたの人生の「主役」になってほしいのです。人格の尊さ、豊饒さとは、人生を苦しさをも含めて味わい尽くしてこそ得られるもの。満たされない思いをどこかで抱き続けてこそ、人間は創造的になれる生き物なのだと思います。

そしてどうぞホロスコープの中の月にばかりこだわらずに、ときおり夜空を見上げ実際の月を眺めてください。悠久の時を経て満ち欠けを繰り返し、夜空を照らしてきた月と向き合ううちに、人間を遥かに超えた大いなるものへの畏敬の念が芽生えます。

人生は私に何をさせようとしているのか。ホロスコープは私にどんなストーリーを生きろと言っているのか。

そんな問いを胸に、どうぞ本書をあなたのよき友として、人生という〝未知の航海〟に胸を躍らせながら前に進んでほしいと思います。

5 ケーススタディ

ケーススタディ❶

◎Aさんの場合　自営業　離婚経験あり

Aさん　55歳　☉天秤座(風)　☽山羊座(地)
長女　26歳　☉山羊座(地)　☽獅子座(火)
次女　18歳　☉牡牛座(地)　☽水瓶座(風)
長男　14歳　☉牡牛座(地)　☽天秤座(風)
母親　78歳　☉乙女座(地)　☽蟹座(水)

Aさんとは、私が主宰するワークショップに参加してくださったご縁で知り合いました。彼女は大学時代、演劇サークルに所属し、現在もアート全般、音楽や舞台などに関心があります。離婚を経験していますが、家業を手伝う形で忙しい日々を過ごしながら、３人のお子さんを育てています。

第一印象は周りに気を使うものの、明るく快活で社交的な面が見受けられました。太陽星座は天秤座。知的な好奇心が強く、周りとの調和を重んじるタイプです。知り合って時間が経つにつれ、山羊座の月も見え隠れするようになってきました。

占星術ワークショップの仲間たちで「ご飯を食べに行こう」という話になると、メンバーへの連絡から店の予約まで、一手に引き受けてくれるのはいつもAさんです。

しかも彼女のスケジュール帳は、数か月先のお芝居の予定、コンサート、知人との会食、息子さんの部活の応援などでびっしりと埋まり、少々〝スケジュール遂行魔〟的なところがあります。

ムダを嫌う山羊座の月が、あいている日にちを埋めるかのように予定を入れ込み、その予定をつつがなくこなすことに達成感を覚えている模様。目的を遂行する、予定通りにコトを進めることで、妙な〝やり切った感〟があるのでしょう。

さてそんなAさんの悩み事といえば、当時まだ中学生だった次女との関係性でした。「次女は私から見ると、なんだかわけのわからない生き物という感じで……。共通言語がないというか、向こうも必死なんだけど、いつも想いがすれ違ってしまうんです」

次女は太陽星座が牡牛座で月星座が水瓶座。これは安定志向の太陽と、常に自由を求める革新的な水瓶座の月との間で葛藤を抱える組み合わせです。思春期の真っ只中で、本人もイライラを抱えて荒れた時期だったのでしょう。

面白いエピソードがあります。次女がある特別なイベントや、なかなか予約の取れない美味しい店に行きたいと言い出す。当然、母親は彼女の願いを叶えるべく、予定を組むのが得意な山羊座の月を駆使して、数か月先のイベントのチケットを押さえたり、数週間後のレストラン予約を入れたりします。

ところがそれらの予定が近づくと、次女は妙に不機嫌になり、ときには「私は行かない」とドタキャンすることもあるというのです。

「要するに彼女はハカイダー（『人造人間キカイダー』に登場するライバルキャラで、キャッチコピーは〝正義も悪もいらないぜ！　オレの名はハカイダー!!〟）なんですよ。苦労して取った予約も何もパーです。どうもいろんなことがきちんと決まっていると、ぶっ壊したくなるようです」とはAさん談。

これを聞いて私はちょっと可笑《おか》しくなってしまいました。これぞ予定調和を嫌う水瓶座の月だと。おそらくAさんはその予定が近づくと、次女に「わかっている？　明日だからね」などと念押しもしているはずです。それがますます次女の気分を憂鬱にさせるとも知らずに……。

水瓶座の月が「〇〇に行きたいなぁ」というのは、まさに〝その瞬間〟に行きたいのであって、数週間後に行きたいかどうかはわからないのです。確かにこの月の配置は社会生活を営むうえで、また団体行動の際にも「問題児」のレッテルを貼られる傾向があります。フレンドリーで友だちも多いけど、単独行動を好む水瓶座の月は、矛盾を孕んだ性質です。

また次女の中の〝ハカイダー〟は、もめ事を嫌い八方美人な態度を取ってしまう母親の天秤座的な態度に対しても発動すると説明をすると、「あっ、確かに私がその場を取り繕おうとすると、さらにエスカレートしますね」と納得しているようでした。

それからAさんは次女のホロスコープを調べ、彼女が抱える自己矛盾や水瓶座の月の性質について、理解を深めるようになりました。

「まったく相性が合わないというわけではないんです。次女の太陽は牡牛座なので、ある意味とても感覚的。同じ部屋であまり言葉を交わさずに過ごしているときは平和なんです。でも彼女が水瓶座の月だと知り、救われたような気分になりました」

次女として、すべての人に同じ態度を取っているわけではありません。そこには母親への甘えがあり、「私のことを丸ごと理解してほしい」という切実な想いがあったはずなのです。その後、二人はゆっくりとお互いを認め合うようになり、Aさんが「水瓶座の月」を少しずつ理解し始めるにつれ、やっと認めてもらえたという感じで次女の態度も軟化していったといいます。

ちなみに高校に入り、漠然とこの先、自分のやりたいことが見えてきたという次女の科白《せりふ》が秀逸です。

「人って生まれたときから死に向かっているわけだけど、生まれてしまったので、まあ頑張って生きるよ」

こういうミもフタもないようなことを言って周りをシラケさせるのも、水瓶座の月の得意技です。

さてAさんのほかの子どもたちにも目を向けてみましょう。末っ子の長男は長女や次女とも年が離れていることから、Aさん一家の〝癒やし系愛されキャラ〟です。太陽はおっとりした性格の牡牛座。そして月は無意識に「周りを楽しませたい」と願う天秤座の月生まれ。彼の天秤座の月はAさんの天秤座の太陽と呼応して、「お母さんはこんな反応をすると喜ぶ」というのが本能的にわかるようです。
「次女と長男は太陽星座が共に牡牛座なので、言葉を介さなくても五感で通じ合っている感じです。天秤座に月がある長男は、私が癒やされたいと思っていることがわかるんでしょうね。そんなときはいつも最高の笑顔で微笑んでくれるんです」とAさんは目を細めます。

子どもたちがまだ小さいうちに離婚をしたAさんですが、山羊座の長女は子どもの頃から妙に達観しているようなところがありました。事実は事実と受け止め、ごく自然に母親をサポートして妹や弟の面倒を見るという役割を担います。山羊座は情緒的な星座ではないので、「自分がみじめでかわいそうだ」という自己憐憫もなく、努力を重ねて念願の美大にも合格した頑張り屋さんです。

長女の月星座は、創造的でドラマティックなことを好む獅子座にあります。私が知り合った頃は、アニメやゲーム、漫画好きで、舞台芸術、特に2・5次元ミュージカルをこよなく愛する少女でした。「ワクワクすることに出合いたい」「人生ってエンターテインメントだ」と感じる獅子座の月と、「そうは言っても現実はけっこう苦しくて厳しい」と冷静に世の中を観察する山羊座の太陽が、彼女の中では戦っているように見えました。現在、彼女は美大を卒業し、アクセサリーを制作する会社に就職。努力家でリアリスティックな太陽と創造性を発揮したい月。このふたつの性質を自分の中でうまく調和させて生きていってほしい、と私は応援しています。

「長女の月が獅子座だと知ったとき、目からウロコが落ちました。家族で食事に行こうとするとき、長女はいつも〝何でもいい〟と言いながら、実は絶対に食べたいものが決まっているんです。そして流れが長女の行きたくない店に決まりそうになると〝私は行かない〟と（笑）。そして結局は次女や長男を納得させて、長女が行きたい店に行くことになります」

いつもは面倒見のよいお姉さんですが、ここぞというときに〝主役＆ボスキャラ〟の獅子座の月が顔を出すという、ちょっと微笑ましいエピソードです。

「台風の夜のエピソードも笑えます。外は大嵐で雷も鳴り響いている。そんなとき長女が、みんなで餃子を作ろうよ、みんなで作れば台風の怖さも忘れると。あれ、ワクワクしているんでしょうね」

そう、獅子座の月は「台風」という危機的なシチュエーションをも、エンタメにしてしまうところがあります。Aさんはこうも続けます。

「なぜ餃子？とも思うんですけど、山羊座の長女は、計画＆準備オタクなんですね。冷蔵庫にある食材を瞬時に思い出し、餃子を作る工程を頭の中で組み立てている。〝これを機会に餃子を一から作ってみたかった〟という（笑）。あれ、台風という危機的状況がまた、燃えるんでしょうね」

占星術を知ることで、それぞれの子どもに対する理解が深まりつつあるAさんですが、中学時代、彼女自身が「生きづらさ」を抱えていたといいます。

やりたいことがあるのに、どうして自分は人の顔色をうかがってしまうのか。気乗りのしないことを、なぜ私は断れないのかと。

「今思えば、天秤座の太陽と山羊座の月の葛藤があったんでしょうね。とにかく天秤座の私は、人から嫌われる勇気がありませんでした。〝けんかって醜い〟と思っていましたから。そして効率を重視する山羊座の月が囁くんです（笑）。〝人ともめるのはエネルギーのムダ〟だと」

Aさんは当時の「生きづらさ」の正体を、自分の太陽星座と月星座の組み合わせから見事に表現してくれました。そしてその頃に感じていたご自身の母親との関係についても話し始めました。

「今思えば、母と私もお互いに理解し合えない関係でした。母は乙女座で月星座は蟹座。会社を興したワンマンな父を支え、家を守ることが母の役目でした。でも私はそんな母の平凡さが嫌だった。母の蟹座の月は、長女の私ともっと心を通わせたいと願ったでしょうね」

成績もよく好奇心旺盛だったAさんは、もっと知的な興味で母親とつながりたかったといいます。Aさんの月星座は山羊座で、お母さんの月は180度正反対の蟹座。当時は全く相容れない関係だったでしょう。

「受験の頃、なぜかいつも晩ご飯が遅かったんです。母はペットを飼うのが大好きで、野良猫を拾ってきて可愛がっていました。父の会社の手伝いを終えてから、まず猫にご飯を食べさせる。私たちの夕ご飯はその後でした。その猫は母にだけ懐いていて、いつも母はその猫と一緒のベッドで寝ていました」

当時のAさんの母親の心情を想像すると、ちょっと胸が詰まります。理解し合えない娘との関係に失望しつつ、蟹座の月特有のあふれんばかりの愛情を、物言わぬ捨て猫に捧げる……。それはある種の代償行為かもしれませんが、それで自分の寂しさを紛らわしていたのかもしれません。十数年という年月を経て、Aさんは離婚を機に実家に戻ります。家業を手伝い実家の近くに家を建て、今では母親ともよい距離を保ちながら仲よく行き来しています。

Aさんが占星術と出合ったのは40代後半。当初は、複雑な自分自身の心模様を知るためのツールでした。やがて家族それぞれの星を読むことで、自分なりの彼らとの関わり方を見つけていったようです。今後もさまざまな局面で子どもたちとぶつかったり、また共感したりしながら彼女の人生は続きます。

今回のインタビューを終えた後、Aさんからこんなメッセージをいただきました。「子育ては親にとって最高のアトラクション、おそらく最大の金額を投じるし時間も費やす。唯一無二のジェットコースターであり、お化け屋敷であり、メリーゴーランド。これ先生の『MOON BOOK 2020』の、蟹座の新月のところにメモっていました。たぶん私は、子育てが大好きなんだと思います」

ケーススタディ❷

◎Bさんの場合　主婦、アロマテラピスト

Bさん　52歳　☉乙女座(地)　☽牡牛座(地)

夫　53歳　☉牡牛座(地)　☽魚座(水)　フォトグラファー

長男　16歳　☉天秤座(風)　☽牡羊座(火)

母　75歳　☉山羊座(地)　☽蠍座(水)

父　他界　☉山羊座(地)　☽魚座(水)

妹(次女)　50歳　☉魚座(水)　☽牡牛座(地)

妹(三女)　48歳　☉乙女座(地)　☽魚座(水)

『ハーブ占星術』(エリザベス・ブルーク著／岡本翔子 翻訳・監修、東京堂出版刊)というハーブと占星術に関する翻訳書を出したことがあるせいか、私の生徒さんたちの中には、ハーブやアロマに詳しい方が多くいらっしゃいます。

Bさんとの出会いもハーブショップでの講演会でしたが、その後Bさんは私が主宰する「月星座研究会」にも熱心に顔を出すようになりました。いつも自然素材の、肌に心地よさそうなお洋服を着ていらっしゃるのが印象的でした。

Bさんの太陽は乙女座、月は牡牛座と、共に地の星座にあります。現実的で地に足がついていて、心地よさや安定を好むタイプです。とりわけ牡牛座に月がある人は、物事をまず五感で受け止めます。洋服選びも流行を追い求めるというより、自分の審美眼を重視。肌触りのよさや着心地で「本当によいもの」を選んでいるのでしょう。太陽と月が同じエレメントにある人は、自分の中にあまり矛盾がなく、しっかりとした価値観を築ける人です。そんな彼女のファミリーヒストリーについて、お話を伺う機会がありました。

「私が育った家族についてですか。う〜ん。たとえて言うのなら、いつも〝洗濯機の水の中でぐるぐるかき回されているような〟気分でした」

えっ、洗濯機？　その表現があまりに面白くて詳しく聴いてみると、なるほどと納得させられました。Bさん家族全員の太陽星座と月星座を調べると、全員が地の星座と水の星座しかありませんでした。星座には火・地・風・水という4つのエレメントがありますが、Bさん家族は全員が女性宮（地・水）で、男性宮（火・風）はひとりもいません。

さらに詳しく調べると、Bさん以外は、全員が太陽と月のどちらかに水の星座を持っています。水象星座は、情感が豊かで繊細、想像力に恵まれ人の気持ちに敏感です。つまり彼女を除く家族全員が情緒的で、それぞれの「私の感情を受け止めて！」という想いを、Bさんは先ほどの〝洗濯機の中の水〟と表現していたのです。

「感覚的には、私は洗濯機の中の洗濯物なんです。いつももみくちゃにされて、だれかの問題に巻き込まれている。みんなはそれが平気なようで（笑）。私はひとりだけそういう状況に不安感を募らせていました」

「なるほど。水の中でかき回されても、洗濯物のあなたは溶け合わない。水の星座は無視されるより、相手からの反応を引き出すのがうれしかったりするからね」

まずご両親の関係についてBさんは語ってくれました。共に山羊座なのですが、父親の月は夢見がちな魚座で母親の月は激しい感情を内に秘めた蠍座にありました。母親の愛情は、なぜか長女であるBさんに向けられたと言います。

「母の私への執着は激しく、子どもながらに〝この人に食われてしまうのではないか〟と怖かった。母親が私に何かを相談すると、私は淡々と具体的な解決策を考える。でも、それでいつも私は母の地雷を踏んでしまうんです。『あなたは可愛くない』『お前はまたそうだ。話にならない』とよく言われました」

たとえば母親が父親に対する不満をBさんに訴えかける……。おそらく月星座が蠍座にある母親の真意は、「黙って私に寄り添い、優しく慰めてもらいたい」「あなたはひとつも悪くないと、ひたすら私の味方になってほしい」だったのでしょう。ところがBさんは一生懸命、問題の解決策を考えて母親に提案し、またもや地雷を踏むという悪循環が繰り広げられます。

「私は月星座が蠍座の人を多く見てきたけど、彼らはエネルギーの埋蔵量が半端じゃないの。徹底的にハマれる趣味や一生を捧げられる仕事が、お母さまにはなかったのでしょう。そのエネルギーが恋愛に向いたというパターンね」と私が説明をすると、「はい。『お前たちのために離婚しないでいる』という母の言葉が、私には鬱陶しかったですね。私が10歳の頃、両親は離婚しました。その後、母には何人か恋人がいたようです。それであるとき私が母の背中を押すという形で、母は再婚に踏み切りました。大人になり一人暮らしを始めて、私はやっと〝水浸しの家族〟から解放されました」

そんなBさんの説明を聞きながら、私は青空にはためく乾いた洗濯物を想像しました。洗濯機の水の中で常にもみくちゃにされ、乾く間もなく水の中に放り込まれてきたBさんは、家族から独立することで〝お日さまの香りがする気持ちよく乾いた洗濯物〟になれたということです。

「妹たちとは別に仲が悪かったわけではありません。ただし次女は太陽が魚座で、三女は月が魚座。お互いに緩～く補い合っています。言うなれば魚座コネクションですかね（笑）。やがて結婚した主人（フリーのフォトグラファー）とは私が乙女座で主人が牡牛座。共に太陽星座が地の星座です。感覚的なところを共有できるので、一緒にいて心地がよく、とても楽な相手です」

ご主人の太陽とBさんの月が同じ牡牛座にあるので、これは夫婦の相性としても悪くありません。とはいえご主人の月は水の星座、魚座にあるのはちょっと微笑ましい。あれだけ逃れたかった〝洗濯機の中の水〟も、相手が替われればその感受性の豊かさが好ましく感じられるのかもしれません。

さてここまで見てきたBさんとその家族、そして結婚相手の太陽と月がすべて女性宮（地と水の星座）にあるのは驚きです。そんな地と水の星座だらけのコミュニティに、突然変異のように現れたのはBさんの息子さんです。

私が主宰していた「月星座研究会」では、毎回、各星座の月に焦点を当てるというスタイルで、第一回は「牡羊座の月」でした。Bさんが熱心にメモを取っていたのを思い出します。彼女の息子さんは天秤座生まれですが、月星座が牡羊座にあったからです。家族間で唯一の風の星座の太陽、火の星座の月を持つ息子の扱いについてBさんは悩んでいたと、講座後に打ち明けてくれました。

「研究会で『牡羊座の月』の説明を聞き『そうだったのか！』と納得がいきました。息子は物心ついてから、前しか向いていない子どもでした。幼稚園時代のエピソードが笑えるんですよ。先生の『まっすぐ進んで』との号令を聞き、息子はひたすらまっすぐ、どこまでも走っていきました。『いったい、どこまで振り向かずに行っちゃうんだろう？』と私が思っていると、先生があわてて『お母さん、迎えに行ってください』と（笑）。ある意味、単純でわかりやすい。ヒーロー戦隊ものが好きで、将来は仮面ライダーになれると、本気で信じていました」

まっすぐで正直で、何事も深く考えずに突っ走る、牡羊座の月を象徴するようなエピソードです。幼少時代は牡羊座の月に備わった本能に従って、ひたすら前に進めばよかった。しかし成長と共に〝自我の象徴〟、太陽星座の性質と、月星座の本能との間にバランスを取る必要性が出てきます。

「息子を見ていると、彼の中では友だちとの関係が、いつも最重要事項です。特定の親友というより、サッカーの仲間とかクラス全体がうまくいっているかどうかが気になるのです。その一方で瞬発的に牡羊座の月が出る。突然怒りが爆発したり、衝動的に物を投げたりしてしまうんです」

息子さんの太陽星座は、社交的で人との調和を大切にする天秤座です。自分の中の「みんなと調和したい」天秤座の太陽と、「自分のエゴを通したい」牡羊座の月が戦い、彼を悩ませるのです。Bさんはこうも続けました。

「息子が小学校の低学年の頃、近所のスーパーで七夕の短冊に願いを書くというサービスを行っていました。そのときは彼が何を書いたかは見ないようにして、後日、見に行ったんです。『みんなの前で素直になれますように』と書いてあり、『短冊にそれを書く？』と胸がキュンとしてしまいました」

やがて息子さんは受験を迎え、この春に希望の高校に無事入学しました。

「息子の月星座を知らなかったら、私は受験を乗り越えられたか？　みんなは『反抗期だから扱いにくい』と言うけど、月星座の性質を知ったこと、それが心強かった」

それは昨年の担任教師との三者面談のとき、Bさんは先生の前で、堂々と息子さんのことを褒めたそうです。自宅ではなく、二人きりのときでもなく、先生の前で『この子はすごいんです！』と彼の長所を絶賛してみたら……。どうやらそれが〝魔法の言葉〟となり、それから彼は積極的に、黙々と勉強に取り組むようになったとか。「不思議です。それまでは、勉強しろというと『これからやろうと思っていたのに』と癇癪を起こしたりしていたんです」。高校入学後の期末テストの話も興味深い。中学時代は試験の順位は知らされなかったようですが、高校では順位が貼り出されるそうです。当然、牡羊座の月は順位がわかったほうが燃えるタイプです。

「数学の試験結果が学年で4位だったんです。私が『すごい!』と持ち上げると『俺、数学、天才だから』ですよ（笑）。そういう単純でバカっぽいところが可愛いというか。そういえば大昔に牡羊座の男性とつき合ったことがありました。ヒーローっぽくて男らしくてかっこよかった。でも当時から私は、恋愛と結婚は別だと思っていましたね」とBさんは最後に、現実的な地の星座らしい発言で話を締めくくりました。

母親の愛情とは?　その答えはきっとひとつではありません。出生時の太陽や月が地の星座にある人が感じる愛情とは、いつも洗い立ての衣服、ふかふかの寝具、美味しい食事……。つまり子どもが育つ環境を最善に整えること=愛情かもしれません。きっとBさんは自分なりの方法で、息子さんに愛を注ぎ続けるでしょう。それでも息子の月星座を知り、彼が何を必要としているのかが、おぼろげながらわかってきたというBさん。占星術を通じて見えてきた「牡羊座の月攻略法」を使いながら、今後も息子さんとよりよい関係を築いてほしいと思います。

ケーススタディ❸

◎Cさんの場合　主婦　趣味が高じて取得した資格(ワイン、チーズ、アロマ検定など)多数

Cさん　59歳　☉蟹座(水)　☽牡羊座(火)
夫　63歳　☉射手座(火)　☽蠍座(水)
長男　29歳　☉山羊座(地)　☽天秤座(風)
長女　25歳　☉蠍座(水)　☽獅子座(火)
母親　87歳　☉双子座(風)　☽双子座(風)

かつて私が東日本大震災のチャリティイベントを行った際に、参加してくれたのがCさんです。ワインエキスパートの資格を持ち、フランス料理などの造詣が深く、占い全般にも興味をお持ちでした。その当時のCさんの印象は、笑顔がチャーミングで、少々シャイな感じもあり、どことなく人を安心させるような雰囲気を漂わせていました。きっと私は、Cさんの太陽星座である蟹座の部分を見ていたのでしょう。

数年後に本書を書くために、私は「月星座研究会」を始めましたが、その第一回の「牡羊座の月の会」に真っ先に申し込んでくれたのがCさんです。そのときに気づいたのですが、そういえば出会いのきっかけとなったチャリティイベント、その後のさまざまな集まりや勉強会などに、いつも一番に申し込んでくださるのがCさんだと気

づきました。あの上品でおっとりとしていて、控えめな感じがするCさんのどこに、そのような積極性が潜んでいるのか。後でわかったことですがCさんの月星座は牡羊座にありました。

「月星座研究会」では私の講義に加えて、各自の月星座が、どのような形で表現されるかを発表していただくことにもなっています。Cさんはご自分の「牡羊座の月」に関して、とても興味深いエピソードを披露してくれました。

「子どもの頃、私は泣き虫でいつも人前に出ることが苦手でした。それが小学校に入るあたりから急に活発になり始めたんです。クラスでだれもなりたがらない学級委員に、『私、やります！』と手を挙げたことも。中高時代はスポ根漫画の主人公に憧れました。『アタックNo.1』とか、『エースをねらえ！』とか。泣きながら無我夢中でボールに食らいついていくという……（笑）」

「それは面白いですね！　蟹座の太陽と牡羊座の月の組み合わせからいうと、チームは家族のようなもの。大切なものを守る（蟹座）ために、必死で戦って敵を倒す（牡羊座）という感じね。困難な状況ほどメラメラ燃えてくるのが、牡羊座の月の特徴です。この月の配置の人の無意識の中には、〝英雄願望〟のようなものがあります。部活の厳しい練習に耐えて、チームを勝利に導くとか、普段は大人しいのに、気がついたら好きな人に告白していたというように、突然大胆な行動に出て、周りをびっくりさせたりします」

私自身にとっても、より深く「牡羊座の月」の性質を理解するきっかけとなったエピソードでした。後日、Cさんのご家族に関するお話を伺う機会に恵まれました。

Cさんのご両親はとても仲がよく、家族の愛情に恵まれて育ったとのこと。ただし母親は太陽も月も風象星座である双子座にあり、Cさんとは全く違うタイプでした。「母は一言でいうと、すごく弁が立つ人。まるで立て板に水のごとく、流暢に話ができるんです。保護者会などでも、娘自慢みたいなことをはっきり言えてしまうのが、いつもすごいと思っていました。夫を立てつつ、何でも自分で解決してしまうような人でした」

太陽と月が同じ星座にあるということは新月に近い生まれです。話を聞いていると、Cさんの母親は話し上手で、要領よく何でもこなしてしまう典型的な双子座です。情緒的な蟹座の太陽と、負けず嫌いな牡羊座の月を持つCさんとは、あまり共通点がありません。

大人になり同じ会社に勤めていたご主人と結婚したCさんですが、射手座で知識豊富なご主人との生活は楽しいそうです。ご主人の太陽は射手座（火）で月は蠍座（水）です。Cさんの太陽は蟹座（水）で月は牡羊座（火）ですから、二人共、先の見えないことにワクワクする未来志向の火と、言葉にならない想いを雰囲気で伝える情緒豊かな水を持っていることになります。その後、会社を辞めて外食チェーンの経営に乗り出すご主人を、Cさんは支えて現在に至ります。ご主人の月星座に関して、面白いエピソードを教えてくれました。

「主人は出かける際に、だれとどこに行くか、絶対に言いません。もちろん仕事絡みで守秘義務もあるでしょうが、秘密主義の蠍座の月ですよね（笑）」

それを根掘り葉掘り聞かないということは、お二人の間に信頼関係があるからでしょう。とここまで書くと、Cさんには家族に関する悩みなどないように思われます。実は最大の課題は、依然、反抗期が続く娘さんとの関係です。

長女である娘さんは太陽星座が蠍座（水）で、月星座が獅子座（火）です。通常の星占いでは、蠍座と蟹座は共に水の星座で相性はいいはずだし、娘さんの獅子座の月とCさんの牡羊座の月も火の星座同士です。私がイギリスで学んだ心理占星学では、同じエレメントであっても相容れない相性はあると説きます。12星座を四区分に分けると、火・地・風・水のエレメントに分かれますが、3区分すると活動・不動・柔軟という行動様式（モード）が見えてきます。

蟹座の太陽と牡羊座の月を持つCさんは活動宮がメインで、蠍座の太陽と獅子座の月を持つ娘さんは不動宮が多い組み合わせです。人格心理学的に見ると前者は外向型（外部の世界に視点を置いている）で、後者は内向型（内面的な精神活動に視点を置いている）です。外向型は社会的な集団の中で活動することを好み、人々と過ごす時間を楽しむ傾向があります。一方、内向型は自分の心模様を観察することを好み、社交的に過ごすより、人生で価値のある人間関係を築くことを重要視します。

「長女は私に対してとても辛辣なんです。私が持っているさまざまな資格に関しても、『どうせ何の役にも立たない』と一刀両断にされますし、揚げ句の果てには『お母さんはいつもお気楽でいいわね』などと嫌味を言われたりして……。幼稚園の頃は人見知りで、私の後ろに隠れているような子どもだったのですが、思春期ともなると『あなたに説明してもどうせ忘れちゃうし、理解してくれないから何も話さない』に変わってしまいました」

なかなか強烈な抵抗ぶりです。長女は自分が好きな珈琲に関連する会社に、親の力を借りず自力で試験を受けて就職。内定をもらっていることもCさんには隠していたとのこと。「ここに居ると私はダメになる」と宣言し、実家を出て一人暮らしをしています。この言葉からもわかるように、Cさん一家は経済的にも恵まれ、いくつもの会社を経営するご主人は社会的な成功者です。Cさんの長男は山羊座（地）で月星座は天秤座（風）ですが、父親からの恩恵を素直に受け、Cさんとも仲がよいのです。エレメントで見るとCさんと長男は性格も考え方も違いますが、3区分でいうと活動宮に相当し外向型です。

ここまで調べてみて、Cさん家族の中に不動宮の人はおらず（唯一、Cさんのご主人の月星座が蠍座）、私は長女だけが性格タイプでいうところの内向型なのだと気づきました。長女の中では、「自分だけがこの家族の中の〝ブラックシープ（黒い羊）〟だ」という感覚があるのではないでしょうか。蠍座の太陽とスクエア（90度）を形成する獅子座の月。これは自己矛盾や葛藤を感じる組み合わせです。月の自己表現欲求を、人前で目立つのを好まない蠍座が押さえてしまう傾向があり、頑固で思い込みが強いところがあります。それでいて実は懐深く面倒見もよいのですが、一度ひねくれるとなかなか素直になれない組み合わせです。

「長女の気持ちや不可解な行動は、〝こういうつもりなのかな？〟と想像しなければ全くわからないんです。たとえば主人が入院する前の晩、黙ってケーキと花を置いて帰ったり。またあるときはプレゼントがポンと置いてある。『これ何？』『知らない』、家族の誕生日だったりするんですけど。いつもこんな感じです」

この話を聞いて、私はちょっと切なくなってしまいました。そんな子どもじみた態度を取ってしまう長女ですが、きっと社会ではちゃんと大人をやっているはずです。蠍座で月星座が獅子座の組み合わせは、プライドが高く、人に弱みを見せるのが苦手です。もしかしたら思春期に、実にわかりにくい方法でCさんに「ＨＥＬＰ！　ちゃんと私の話を聞いてほしい」のサインを出していたのかもしれません。それをCさんが悪気なく見落としてしまったとしたら……。彼女の心の中には、いまだに〝傷ついた子ども〟が住んでいて、実家に帰るとその子が暴れ出してコントロール不能状態に陥るのでしょう。

母親であるCさんは、実に楽しげに人生を謳歌しているように見えます。「試験が難しいよ」と言われると、俄然やる気が出てしまう牡羊座の月のCさんは、ワイン以外にもアロマ検定、チーズソムリエ、フードアナリスト、野菜ソムリエ、認知症ケアに関する民間資格までも持っているのです。「よく考えるとワインが死ぬほど好きかというと、そうでもないんですよ。興味を持つその先に試験があると、なぜか燃えてしまうんですね」というCさん。

その言葉にも長女が抵抗を示すヒントが隠されています。好きなものへのこだわりが強い彼女から見ると、Cさんの物事への興味の持ち方は表層的に映るのでしょう。また行動する前に、まず自分の心とじっくり対話をせずにはいられない長女からしてみると、思い立ったら即、体が動いてしまうCさんに、いつも取り残されたような気分になってしまうのかもしれません。たぶん長女はその若さゆえに、まだ自分の人生をちゃんと肯定できていないのでしょう。母親への愛があるからこそ、抵抗せずにはいられない複雑な心模様が見て取れます。

ちなみに最近、Cさんが興味を持っていることは、動物たちの気持ちを理解する技術を学ぶアニマルコミュニケーションです。

「長年、犬を飼っています。とにかく犬と話をしてみる。すると犬が自分の気持ちを語り始めるんですね。本当に犬が言っているのか、自分の想像なのか？　すごく興味深いんです」

少し調べてみると、人が動物の意思を受け取ったり、また人の意思を動物に伝えたりすることが可能になるメソッドのようです。その技法は、心理学でいうアクティブイマジネーションにとても近い。世話好きで感受性豊かな蟹座の太陽と、閃きや直観に優れる牡羊座の月の組み合わせには、ぴったりハマる技術です。次から次へと興味の対象を見つけて情熱を傾けるCさん。実はCさんの中には、好奇心旺盛だった太陽も月も双子座のお母様の影響があるのではないでしょうか。また「扱いが難しい」と嘆く長女との関係ですが、私から見るとその態度は、生きづらさを抱えている彼女への愛情にあふれています。現在、長女はまだ20代半ばですが、きっと年を重ねるにつれCさんに歩み寄れる日が来るだろうと私は思っています。そしてアニマルコミュニケーションの手法で、娘さんの心と対話してみるのもよいのでは。もしかしたら長女の意外な本音が聴けるような気もします。

ケーススタディ❹

◎Dさんの場合　会社員(役員秘書)

Dさん44歳　☉牡羊座(火)　☽蠍座(水)

直属の上司(社長)62歳　☉牡牛座(地)　☽山羊座(地)

父親　76歳　☉乙女座(地)　☽獅子座(火)

母親　73歳　☉牡牛座(地)　☽乙女座(地)

元夫　51歳　☉蠍座(水)　☽獅子座(火)

妹　42歳　☉天秤座（風）　☽天秤座（風）

私が毎年出版している月の満ち欠けを記した手帳、『MOON BOOK』出版記念のイベントに参加してくださったのがDさん。第一印象は寡黙で、少しミステリアスな雰囲気。それでいて一度話を始めると、ズバリと直球を投げてくるような正直さがあり、牡羊座の太陽が顔をのぞかせます。人が大勢いる場所では、蠍座の月はまず警戒し、状況をじっくり観察します。一見、物静かでありながら、実は激しい性質を秘めている……、そんな人格の二重構造が、Dさんの魅力を際立たせていました。

その後、何年にもわたり、さまざまな講座やイベントに参加してくださり、徐々に彼女のプライベートな部分も見えてきました。やがて私が主宰する「月星座研究会」には、毎回熱心に通ってくるようになりました。その研究会でDさんが私に質問をしたのを、今でもよく覚えています。

「現在、派遣社員としてある会社の役員秘書を務めているのですが、直属の上司である社長のことがよくわからない。どう対応したらよいのでしょうか。もっと親しくなりたいのですが」。それが彼女の最初の質問でした。

当時、Dさんは離婚を機に経済的な自立を考え、製造業を主とする老舗の上場企業で働き始めたばかりでした。短大の秘書科を卒業し、秘書メインで今まで仕事をしてきたDさんは、その会社の社長秘書となりました。

「社長の太陽星座は牡牛座で、調べてみると月星座は山羊座でした」

なんと太陽も月も地の星座にある社長さんは、実務能力に長けた現実主義者のようです。対するDさんの太陽は牡羊座（火）で、月は蠍座（月）なので、相容れない相性ではあります。

「う～ん。あんまり盛り上がらないタイプですね。人のことも褒めないし。山羊座の月にはお世辞は通用しません。〃ちゃんと目に見える結果を出せ〃ということかしら。それでも牡牛座の太陽は美味しいものが好き。地の星座には感情に訴えるというより、モノで感謝の気持ちを伝えるという方法はあるわね」と私が答えると、その頃、和菓子教室に通っていたDさんは、

「そうですね。今度、習っている和菓子を差し入れしてみます！」と答えたのでした。

そして次回の講座のとき、社長さんがDさんの作った和菓子を「美味しい」と喜んでくれたこと。なぜかお菓子で上司との距離が縮まったことなどを、うれしそうに報告してくれました。占星術が仕事の人間関係にヒントをくれたという、ウソのような本当の話です。

その後も社長の太陽星座と月星座への理解を深めつつ、仕事に取り組んでいたDさんですが、繁忙期に入った彼女の雇用契約は1年間でした。この先も長く仕事をしていきたいDさんは、社長に「次を探したいので辞めたい」と申し出ます。すると彼女の働きを認めてくれた社長から、「社員にならないか」とのオファーがあり、試験を

受けて晴れて社員に。契約して働き始めて1年後のことでした。Dさんは当時を振り返り、こう話してくれました。

「和菓子の差し入れで突破口が開けたのは事実です。でも山羊座の月に認めてもらうために、私も努力をしました。たとえば自分の仕事に付加価値をつけることも考えました。単に言われたことだけをやるのではなく、社長の仕事に役立つ情報や新しい知識などを、さりげなく調べてレポートにしてみる。それが功を奏する場合もありました」

牡羊座特有の負けん気の強さと情熱、そして蠍座の月の洞察力や粘り強さの勝利でしょう。しかし、こんな面白いエピソードもあります。

「失敗することもあるんですよ。仕事に役立つと思い、自分なりにいろいろ調べたことでも、『ムダなことはしなくてもいい』と言われることもありますから（笑）」

太陽星座、牡羊座の直感と蠍座の月の探求心に導かれて取った行動が、秘書として求められているものから外れた場合、社長のダメ出しを食らうというパターンです。

Dさんはこうも続けます。

「社員になったばかりの頃、社風がどこかのんびりしていて、それに合わせて少々、ペースダウンした時期もあるのです。すると『社員になったからといって、仕事の手を抜いていないか』とお叱りの言葉が（笑）。〝今までの君の経験を買った〟と社員にしていただいたのですから、気を引き締めて頑張りました」

晴れて社員になってから約1年後、Dさんはさらに昇進します。太陽も月も地の星座の社長のもとでちゃんと結果を出し、現在の地位を手に入れたDさん。経済的な自立を果たした彼女は、この先も自分の人生の可能性を広げていくでしょう。

ちなみに2年ほど前に離婚した元ご主人の太陽星座は、Dさんの月星座と同じ蠍座。これは夫婦の相性としてよくあるパターンです。今回のインタビューでは、Dさんの過去の夫婦関係については多く質問はしませんでした。牡羊座は常に前を向いて生きています。蠍座の月は我慢強い性質ではありますが、一度こうと決めたら、今までの生活をゼロからやり直す刷新力があります。独身に戻ったDさんは、仕事や趣味に充実した日々を過ごしています。別の機会に私は、疑問に感じていたことを、Dさんにぶつけてみました。

「あなたはなぜ秘書という職業を選んだのかしら。太陽が牡羊座で月が蠍座だと聞くと、もっと別の人生もあったのでは」。するとDさんは家族の話を交えながら母親との関係についても話をしてくれました。

「本当は絵を描くのが好きだったんです。だから芸術系の学校に行きたかった。キャビンアテンダントをめざしたこともあります。でも母親が『芸術ではご飯は食べられない。それよりも実務、たとえば簿記を学べ』と。それで短大の秘書科に行くことになったんです」

Dさんいわく、育った家庭は「ＴＨＥ昭和」のイメージ。両親共に現実的で地に足のついたタイプだったといいます。実直な乙女座の父親を、牡牛座の母が支えるという、典型的な一昔前の家族モデルが目に浮かびます。父親の月星座は、家父長然とした獅子座にあり、母親の月星座は〝秘書の星〟と呼ばれる乙女座にありました。母親は典型的な主婦で家庭を支え、たまにパートに出るものの、基本的には〝家にいるお母さん〟でした。母親の口癖は「何があっても我慢しなさい。あなたが悪い」であり、「結婚したら旦那さんのお給料で暮らすのが当たり前」という価値観の持ち主だったようです。未知の世界に心躍らせる牡羊座（火）で、月星座が感受性豊かな蠍座（水）の長女と、言葉によるコミュニケーションを求める太陽も月も天秤座（風）の次女にとっては、あまり面白みがなく窮屈な家庭環境だったかもしれません。

月は自分が〝快適で安全〟でいられる方法を表します。Dさんの母親の乙女座の月は、だれかを支えることで自分の存在価値を見いだします。これは典型的な〝秘書の星〟です。母親の無意識の願望が娘に投影されて、Dさんは秘書という専門職の道を歩むことになったようにも思われます。そこには母親の「浮き沈みのない安全な道を歩んでほしい」という娘への愛情が見て取れます。

「最近になって思うのですが、母親と社長には類似点があるなと。母は私のことを全く褒めてはくれませんでしたが、社長もめったに人のことを褒めません（笑）。それでも結果を出せば、ちゃんと評価してくれるんですね。こうやって今、生活ができているのは、案外、母のおかげなのかもしれません。私、簿記や秘書検定、経理事務などいろんな資格を持っているんです」

そういってDさんが微笑んでくれたのが印象的でした。何があっても我慢しなさいと母親から言われ続けたDさんですが、

「自分は瞬間湯沸かし器みたいなところがありますね。やっぱり本質的には牡羊座なんでしょうか。会社で頭にきたことがあり、おもわず鉛筆をバキッと折ってゴミ箱に投げ捨てたことがあります。いつもは月の蠍座が感情を抑えるんですけど……」

地道で実直を絵に描いたような地の星座の両親に育てられ、母親の無意識の願望を受け継ぐ形で仕事に役立つスキルを身につけたDさん。しかし彼女の中には「人生、何が起こるかわからないからこそ面白い」とワクワクする牡羊座の性質や、好きなものに出合ったら、徹底的に探究する蠍座の月が息づいています。ある程度の年齢を経て、子ども時代には理解し合えなかった母親への温かいまなざしや、感謝の気持ちが芽生えてきたのは、現在の自分の生き方を肯定できているからでしょう。占星術を人間を理解するひとつのツールとして、これからも人生を楽しんでほしいと願っています。

6 英国王室のファミリーダイナミクス

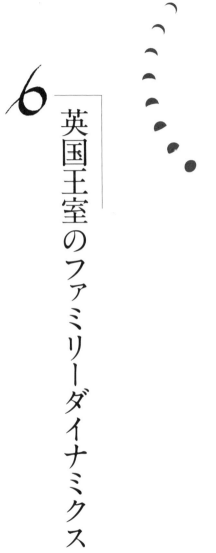

出生時の月星座が意味すること、また12星座別の月の性質について説明してきましたが、この章では太陽星座と月星座が織りなす家族間のダイナミクスについて、具体例を挙げながら解説してみます。ファミリーダイナミクス（家族力動）とは、家族のメンバー間に働く目に見えない力のようなものです。私たち個人の行動は、親や子、きょうだいといった家族の影響を無意識に受け、またそれらの相手にも影響を与えてさまざまなドラマを生み出します。

筆者が占星術を学んだ英国占星術協会では、英国王室の歴史を占星術で読み解く講義もあり、王室メンバーのホロスコープが公開されているという事実にちょっとびっくりしたものです。たとえば16世紀に君臨したエリザベス1世がスペイン無敵艦隊を破るきっかけとなったのは、その背後にジョン・ディーというお抱え占星術師がいたからだという話も有名です。エリザベス1世の治世には、ウィリアム・シェイクスピアも活躍しており、当然、彼らのホロスコープを知る機会にも恵まれました。シェイクスピアはその著作の中で次のような科白《せりふ》を残しています。

やはり星の力だ、
天上の星のみが人の気質を左右しうる。
—ウィリアム・シェイクスピア『リア王』より
【福田恆存訳『福田恆存飜譯全集』（文藝春秋）】

……ブルータス、罪は星にあるのではない、
われわれ自身にあるのだ、人の下風に立つも立たぬもな。
—ウィリアム・シェイクスピア『ジュリアス・シーザー』より
【福田恆存訳『福田恆存飜譯全集』（文藝春秋）】

さて英国民だけでなく、世界中に王室ウォッチャーがいる英国王室の人々。彼らの生年月日や出生地、そして出生時間が公開されているので、現在の女王以下、4世代にわたるファミリーダイナミクスを、彼らの太陽星座と月星座から読み解いてみたいと思います。王族という一般庶民からはかけ離れた存在の人々ですが、母と息子や娘、夫婦、父と息子、また息子の結婚相手（嫁）と義母（姑）といった、私たちにとっても身近な関係性が浮かび上がります。一般人と何ら変わりない人間の営みが王室にもあり、彼らの間で起こる出来事やエピソードは、私たちに共感や示唆を与えてくれるように思えます。

まずは現在、英国王室で在位最長記録を更新し続けるエリザベス2世（以下、エリザベス女王と記す）を筆頭に、チャールズ皇太子やその二人の息子たち、ウィリアム王子とヘンリー元王子の家族、全12名のホロスコープをもとに、それぞれの太陽星座と月星座を表にしてみました。

〈英国王室メンバー、12名の太陽星座と月星座〉

	太陽			月		
エリザベス女王	☉	♉	牡牛座(地)	☽	♌	獅子座(火)
チャールズ皇太子	☉	♏	蠍座(水)	☽	♉	牡牛座(地)
ダイアナ元妃	☉	♋	蟹座(水)	☽	♒	水瓶座(風)
カミラ夫人	☉	♋	蟹座(水)	☽	♋	蟹座(水)
ウィリアム王子	☉	♋	蟹座(水)	☽	♋	蟹座(水)
キャサリン妃	☉	♑	山羊座(地)	☽	♋	蟹座(水)
ジョージ王子	☉	♋	蟹座(水)	☽	♑	山羊座(地)
シャーロット王女	☉	♉	牡牛座(地)	☽	♎	天秤座(風)
ルイ王子	☉	♉	牡牛座(地)	☽	♌	獅子座(火)
ヘンリー元王子	☉	♍	乙女座(地)	☽	♉	牡牛座(地)
メーガン元妃	☉	♌	獅子座(火)	☽	♎	天秤座(風)
アーチー王子	☉	♉	牡牛座(地)	☽	♊	双子座(風)

まず12星座を陰陽で分ける2区分に注目してください。
陽の宮（男性宮）と呼ばれるのは火と風の星座。
陽の宮は能動的で自己表現力があり、男性原理に対応します。
陰の宮（女性宮）と呼ばれるのは地と水の星座。
陰の宮は受容的で自己抑制傾向にあり、女性原理に対応します。

エリザベス女王以下、ここに挙げた英国王室メンバー12名のうち、なんと11名の太陽星座がすべて地の星座か水の星座（女性宮）であり、２０２０年3月をもって王室を離脱したメーガン元妃だけが異質な獅子座（火の星座で男性宮）ということがわかります。

王室という歴史と伝統を紡いでいく人々の太陽星座が、能動的に自己表現をする男性宮（火と風の星座）ではなく、受容的で自分に課せられた運命を受け入れ、引き継いでいく女性宮（地と水の星座）に多いということがわかります。

もちろん英国の長い歴史の中には、太陽星座が火や風の星座だった君主もいます（映画『英国王のスピーチ』の主人公、エリザベス女王の父親であるジョージ6世は射手座でしたが、在位期間は短い）。ただ私の知る限りでは、16世紀テューダー朝の王、6度の結婚によりカトリック教会からイングランド国教会を分離させ、イギリスにおける宗教改革を行ったヘンリー8世が蟹座、その娘でテューダー朝、最後の女王として広くその名を知られるヴァージン・クイーン、エリザベス1世は乙女座と、共に女性宮をいただく君主がなぜか印象に残っています。

それでは現在の英国王室を形成する人々の、個々の性格や気質、そして家族間で働くダイナミクスを、それぞれの太陽星座と月星座の組み合わせから見ていくことにしましょう。

英国民の心のよりどころ— エリザベス女王

イギリスの国歌『God Save The Queen ゴッド・セイヴ・ザ・クイーン』(女王陛下万歳)の歌詞には、

神よ、我らが慈悲深き
女王陛下を守りたまえ、
勝利・幸福そして栄光を捧げよ
御代の永らえんことを

というくだりがありますが、確かに英国はエリザベス1世、ヴィクトリア女王、そして現在のエリザベス2世と、女王の治世下に発展と安定を築いてきました。エリザベス2世は世論調査においても「君主中の君主」と人気が高く、在位68年（2020年現在）と最長記録を更新し続けています。そんな女王人気を支えているのは、君主としての強い責任感と揺るぎない正義感、そして内側から光り輝く女王としての風格です。

1926年4月21日、エリザベス女王はロンドンのメイフェアで生まれました。出生時の太陽星座は牡牛座、そして月は天の獅子座で輝いていました。当時はだれもが将来、彼女が王位を継承するとは思っていませんでした。運命のいたずらか、叔父のエドワード8世が離婚歴のある米国人シンプソン夫人と恋に落ち王位を放棄、父親のヨーク公が即位してジョージ6世となります。当時、エリザベスはまだ10歳でした。彼女は王位継承者となり、英国が帝国を維持する力を失うことになる第二次世界大戦を乗り越えて、1952年、女王として即位します。まだ25歳という若さで、大英帝国崩壊後の英連邦と国民の心をひとつにするという、とてつもなく重い責任が彼女の肩にのしかかることになります。即位以来、世紀をまたぎ現在に至るまで、エリザベス女王は気の遠くなるような長い年月、国家君主としての責務を全うしてきました。

それでは女王の太陽星座や月星座を参考に、彼女の人生や家族との関係性を見ていきましょう。

占星術でいうと牡牛座は大地に根を張るごとく、着実にしかも安全に歩を進める星座です。どの星座よりも保守的で、〝今あるものを引き継いで守る〟能力に優れてい

エリザベス女王のホロスコープ

生年月日	1926 年 4 月 21 日
性別	女性
出生時刻	2:40
出生地	メイフェア（ロンドン）

天体表

☉	太陽	牡牛座	0°12'21"
☽	月	獅子座	12° 7'18"
☿	水星	牡羊座	4°39'44"
♀	金星	魚座	13°57'22"
♂	火星	水瓶座	20°51'58"
♃	木星	水瓶座	22°30'35"
♄	土星	蠍座	24°26'42"r
♅	天王星	水瓶座	27°21'22"
♆	海王星	獅子座	22° 2' 6"r
♇	冥王星	蟹座	12°46'36"
☊	ミーンノード	蟹座	20°28'24"
⚷	カイロン	牡羊座	28° 1' 5"
ASC			21°24'
MC			25°34'

＊バースチャートでは、
各天体の入座位置は分以下を
切り捨てて表示しました
（例 太陽：牡牛座の0°12'21" →0°）。
正確な数値は
天体表を参照してください。

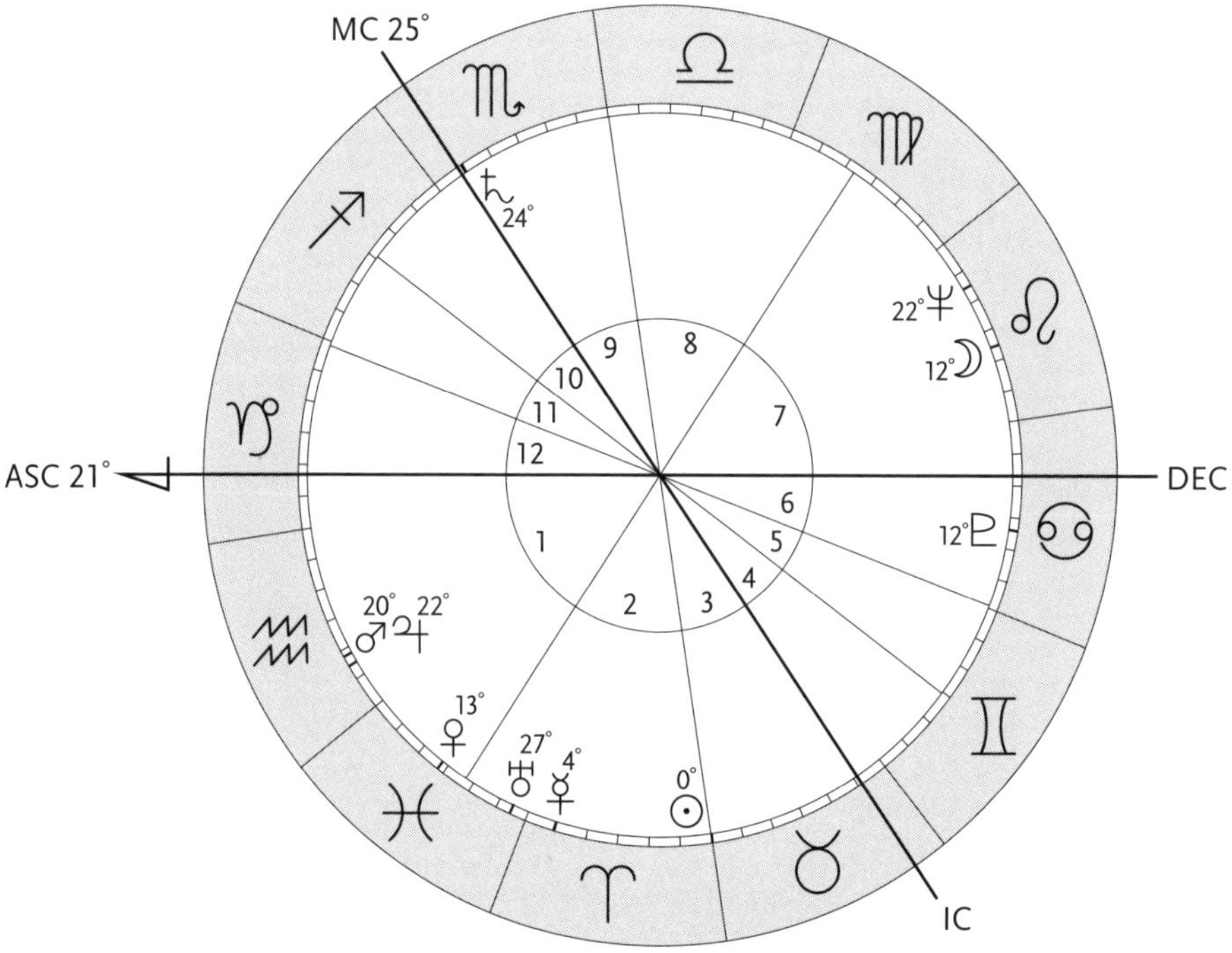

ます。

英国王室の長い歴史の中で、在位最長記録を誇るエリザベス女王が牡牛座だというのはなかなか象徴的です。牡牛座の性格は外柔内剛、つまり物腰柔らかく穏やかでありながら、実は頑固で融通に欠けるのが特徴です。また音楽や芸術を愛し、安楽な生活を好む傾向もありますが、戦時下に青春時代を過ごした女王は、質素・倹約を身につけたといわれています。

出生時の月の星座は、普段の生活における習慣的な態度やふるまいを表します。月は子ども時代に条件づけされた無意識的な反応のパターンであり、性格というよりもっと本能に根ざした性質を示します。エリザベス女王の月星座は、百獣の王・ライオンに象徴される獅子座に位置します。月が獅子座にあると、その出自にかかわらず「自分は特別である」という感覚を子どもの頃から感じて育ちます。無邪気で自己顕示欲があり、明るく情熱的で、正義感が強い星座です。数あるエピソードの中で、獅子座の月を最も顕著に感じたのは、ロンドンオリンピック開会式の映像です。監督ダニー・ボイルの演出は、『００７』俳優のダニエル・クレイグと共にバッキンガム宮殿からヘリコプターに乗り、オリンピックスタジアムにパラシュートで飛び降りるというものでした。「女王陛下とジェームズ・ボンド」という、これ以上ない英国が誇る象徴を、世界中にアピールする心憎い演出に、女王は快く協力したといわれますが、案外、楽しんでいたのではないでしょうか。獅子座の月はエンターテイナーでもあるからです。

さて君主としての顔ではなく、一人の家庭人や母として、彼女はどうだったのか。それは皇太子チャールズのホロスコープと共に見ていくことにしましょう。

複雑な内面を抱え、母の面影を追い求めた人生ーチャールズ皇太子

近年では再婚したカミラ夫人と仲睦まじいツーショットを撮られることも多く、ダイアナ元妃の忘れ形見の王子たち家族とも、自然に交流する姿が印象的なチャールズ皇太子。しかしその人生は女王陛下の息子として育ち、常に自分のよき理解者や愛する女性を求め続ける旅でもありました。

1948年11月14日、エリザベス女王の第一子・長男としてバッキンガム宮殿で誕生。太陽星座は蠍座、月星座はその対極にある牡牛座で、ほぼ満月に近い生まれです。感受性が鋭く洞察力に優れる蠍座は、激しい感情を内に秘めた星座です。秘密主義でそう簡単には人を信じない傾向も。対する月は牡牛座にあり、幼少時は人懐こく愛らしい王子だったことでしょう。牡牛座の月はとても感覚的で、どの星座にも増して母親との密接なスキンシップを求めます。母親の関心が自分に向くと安心し、「お母さんは自分のもの」という所有欲が満たされます。牡牛座の月にとって、愛情表現とはそばにいて触れ合うことにほかなりません。しかし、その母は彼がまだ3歳のときに女王として即位し、英国民すべての母性の象徴となりました。

チャールズ皇太子のホロスコープ

生年月日	1948 年 11 月 14 日
性別	男性
出生時刻	21:14
出生地	ロンドン

天体表

☉	太陽	蠍座	22°25'21"
☽	月	牡牛座	0°25'52"
☿	水星	蠍座	6°57'25"
♀	金星	天秤座	16°23' 2"
♂	火星	射手座	20°56'55"
♃	木星	射手座	29°53' 8"
♄	土星	乙女座	5°16' 3"
♅	天王星	双子座	29°55' 45"r
♆	海王星	天秤座	14° 7'45"
♇	冥王星	獅子座	16°33'46"
☊	ミーンノード	牡牛座	3°56' 0"
⚷	カイロン	蠍座	28°13'28"
ASC		獅子座	5°23' 7"
MC		牡羊座	13°16' 2"

＊バースチャートでは、
各天体の入座位置は分以下を
切り捨てて表示しました
（例 太陽：蠍座の22°25'21" →22°)。
正確な数値は
天体表を参照してください。

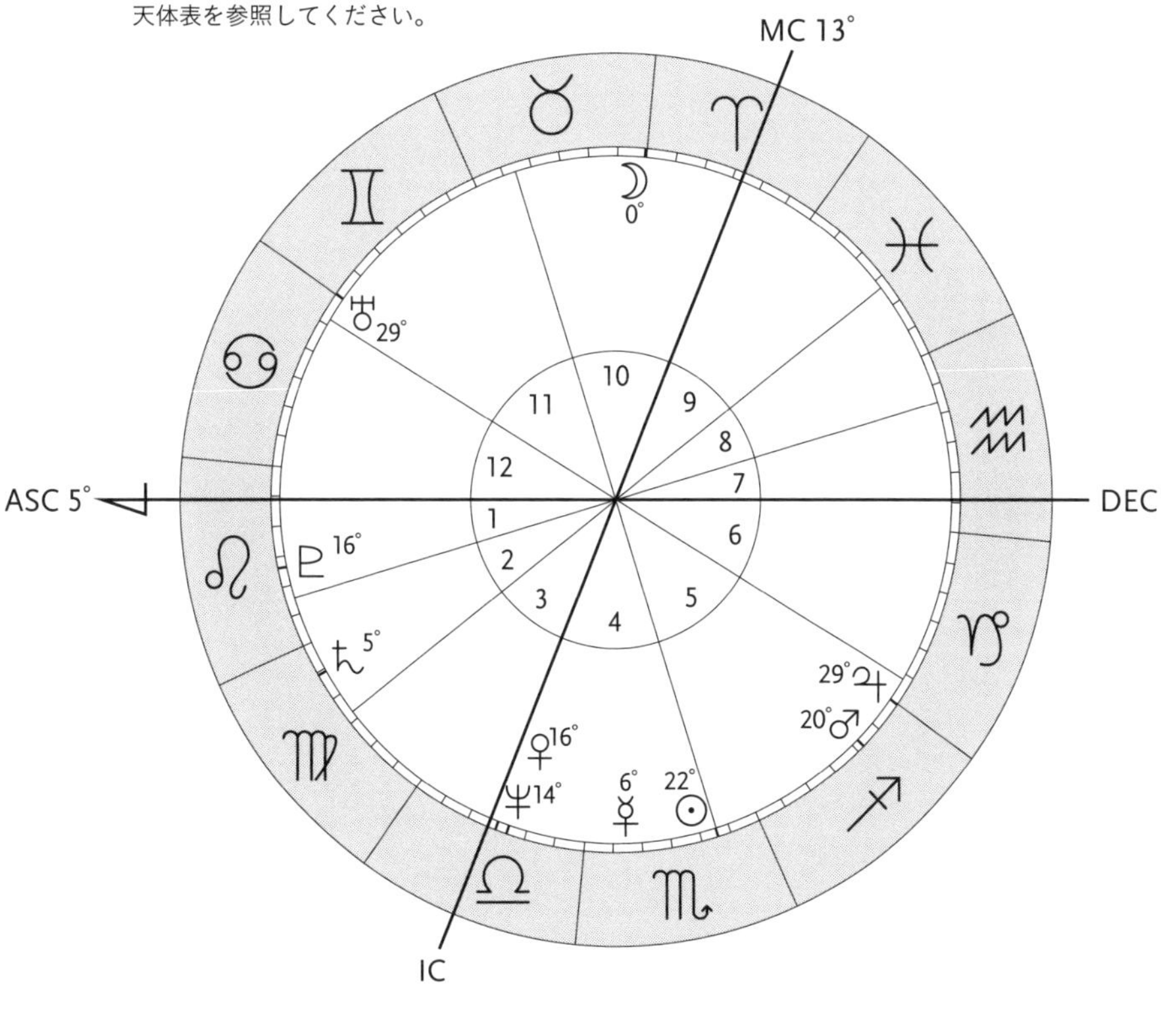

ちなみに太陽星座である蠍座は、情緒的な水の星座です。スキンシップのみならず、「大切にされている」「愛されている」と実感できる感情的な心の交流を求めます。ところがエリザベス女王の出生時の土星は蠍座にあり、息子の豊かな感情表現を無意識に抑圧する役割を果たします。また女王の月は男性的な獅子座にあり、「獅子は我が子を千尋の谷に落とす」との言い伝えのように、愛があるからこそ息子にわざと試練を与えて成長させる方法を選びがちです。それは息子に対し、「いずれ王となる身、強い男に育ってほしい」との願いを込めた月・獅子座ならではの愛情表現です。子ども時代の皇太子は、自分を取り巻くさまざまな大人たちの間で猜疑心を募らせ、思う存分母親と触れ合いたいという牡牛座の月の欲求は抑え込まれたまま成長したように思われます。そして思春期ともなればその欲求の矛先は、母親から恋愛相手へとシフトします。

確かに女王の月星座・獅子座と、皇太子の月星座・牡牛座は、占星術の相性でいうスクエア（90度の不調和角）で、お互いにすれ違った愛情表現をしがちです。しかし二人の仲は決して悪いわけではないようです。ひとつ微笑ましいエピソードがあります。皇太子が18歳のとき、エリザベス女王がアストンマーティンの工場を訪問し、同社の「DB6ヴォランテ」を誕生日プレゼントに贈ったのです。これは女王の太陽と皇太子の月が共に牡牛座にあり、モノを通じた愛情表現が功を奏した例でしょう。皇太子はその後もアストンマーティンを愛用し、同社にロイヤルワラント（英国王室御用達ブランド認定）を与えています。

また皇太子は歴史的建造物の保存や現代建築そのものに関心があるそうですが、立体的な美への興味や伝統を守る姿勢も、牡牛座の月の特徴です。そして皇太子がハーブ療法をはじめとする代替医療や、オーガニック食品を強く支持しているという話を聞くと、「安全」や「安心」を求める牡牛座の月の影響と、妙に納得してしまうのです。

太陽と月が正反対の星座に位置する人は、自分の中の相反する性質に揺れ動き、内省的かつ思索的になります（特に太陽も月も女性宮の場合）。太陽星座が望むことを月星座が否定したり、また月星座が幸せだと感じることを太陽星座が退屈に思ったりして、常に複雑な感情が心の中で渦を巻いていて、満足が得られにくい組み合わせです。

若い頃には複数の女性と浮名を流したチャールズ皇太子ですが、彼の人生に大きな影響を与えた二人の女性（共に蟹座）についても調べてみましょう。

二人の蟹座の間で揺れ動く心――ダイアナ元妃とカミラ夫人

占星術では太陽や月だけではなく、さまざまな惑星の動きを重要視します。中でも運命の星と呼ばれる土星は、制限・抑圧を表す惑星で、人生に数々の試練や課題を与えます。出生時の土星の位置に再び土星が帰還するのは、約28～30年後で、それをサターンリターン（土星回帰）と呼んでいます。

1979年はチャールズ皇太子にとって、まさにサターンリターンと呼ぶにふさわしい出来事がありました。幼少時よりまるで父親のように慕っていた元インド総督で海軍元帥、マウントバッテン卿が、IRA暫定派の仕掛けた爆弾を受け死亡したのです。おりしも皇太子の出生時の土星に、一周した土星が回帰した年で、皇太子は大きなショックを受け、悲しみに暮れた日々を送っていました。サターンリターンの期間は、自分の能力不足に対する嫌悪感、親への愛着や反発などを自覚して、気分の落ち込みや幻滅を感じることが多いのです。これは心理的な子ども時代の完全な終わりを告げるベルが鳴り、苦しみを抱えながら真の大人としての成長を歩み始める時期でもあります。

その翌年、チャールズとダイアナは運命的な出会いをします。そのときにダイアナが「あなたの寂しさは理解できる。あなたにはだれかが必要です」と慰めた言葉に皇太子は感銘を受け、二人は交際することになります。

世界中から愛された悲劇の王妃 ― ダイアナ元妃

チャールズ皇太子は蠍座、ダイアナは1961年7月1日、イギリスのサンドリンガム生まれの蟹座、共に情緒的な水の星座です。そしてチャールズが慕ったマウントバッテン卿も蟹座だったことに、不思議な運命を感じます。水の星座には、人の悲しみや苦しみを自分のことのように受け止める共感能力があるのが特徴です。相手に対する「思いやり」「同情」が、やがては「愛情」に発展。二人の心は通じ合い、後にチャールズは彼女に求婚。1981年の夏には盛大な結婚式を挙げ、ダイアナは妃殿下となります。

当時私はロンドンに住んでいて、タブロイド紙を賑わす占星術家たちの二人の相性判断などをよく目にしたものです。一般的な占星術では、蠍座と蟹座はお互いにシンパシーを感じるよい相性です。しかし二人の月星座の組み合わせは、やがてはすれ違うお互いの心模様を暗示していました。

先に説明したように皇太子の月は地の星座の牡牛座。対するダイアナ元妃の月は風の星座である水瓶座に位置し、スクエア（90度の不調和角）を形成。ダイアナ元妃を描いた伝記などを読むと、チャールズの音楽や狩猟といった保守的な趣味にダイアナ元妃は理解を示さず、また窮屈な王室のしきたりにもなじめなかったようです。保守的で安定・継続を求める牡牛座と、自由と革新、解放を求める水瓶座とは相容れない組み合わせです。生活を共にすることで初めて見えてくるのが、月星座の重要性です。月は日常的なふるまいや、その人にとって何が〝快適で安全〟か、またどのように愛されることで幸せを感じるかを表します。単に「好き」という感情だけではどうにもならない結婚生活の難しさ、それは生活を共にすることで見えてくる、お互いの月星

ダイアナ元妃のホロスコープ

生年月日	1961 年 7 月 1 日
性別	女性
出生時刻	19:45
出生地	サンドリンガム

天体表

☉	太陽	蟹座	9°39'47"
☽	月	水瓶座	25° 2'17"
☿	水星	蟹座	3°12' 5"r
♀	金星	牡牛座	24°23'59"
♂	火星	乙女座	1°38'45"
♃	木星	水瓶座	5° 5'50"r
♄	土星	山羊座	27°48'50"r
♅	天王星	獅子座	23°20'10"
♆	海王星	蠍座	8°38'12"r
♇	冥王星	乙女座	6° 2'39"
☊	ミーンノード	獅子座	29°42'59"
⚷	カイロン	魚座	6°28' 5"r
ASC		射手座	18°24'31"
MC		天秤座	23° 3' 8"

✶バースチャートでは、
各天体の入座位置は分以下を
切り捨てて表示しました
（例 太陽：蟹座の9°39'47" →9)。
正確な数値は
天体表を参照してください。

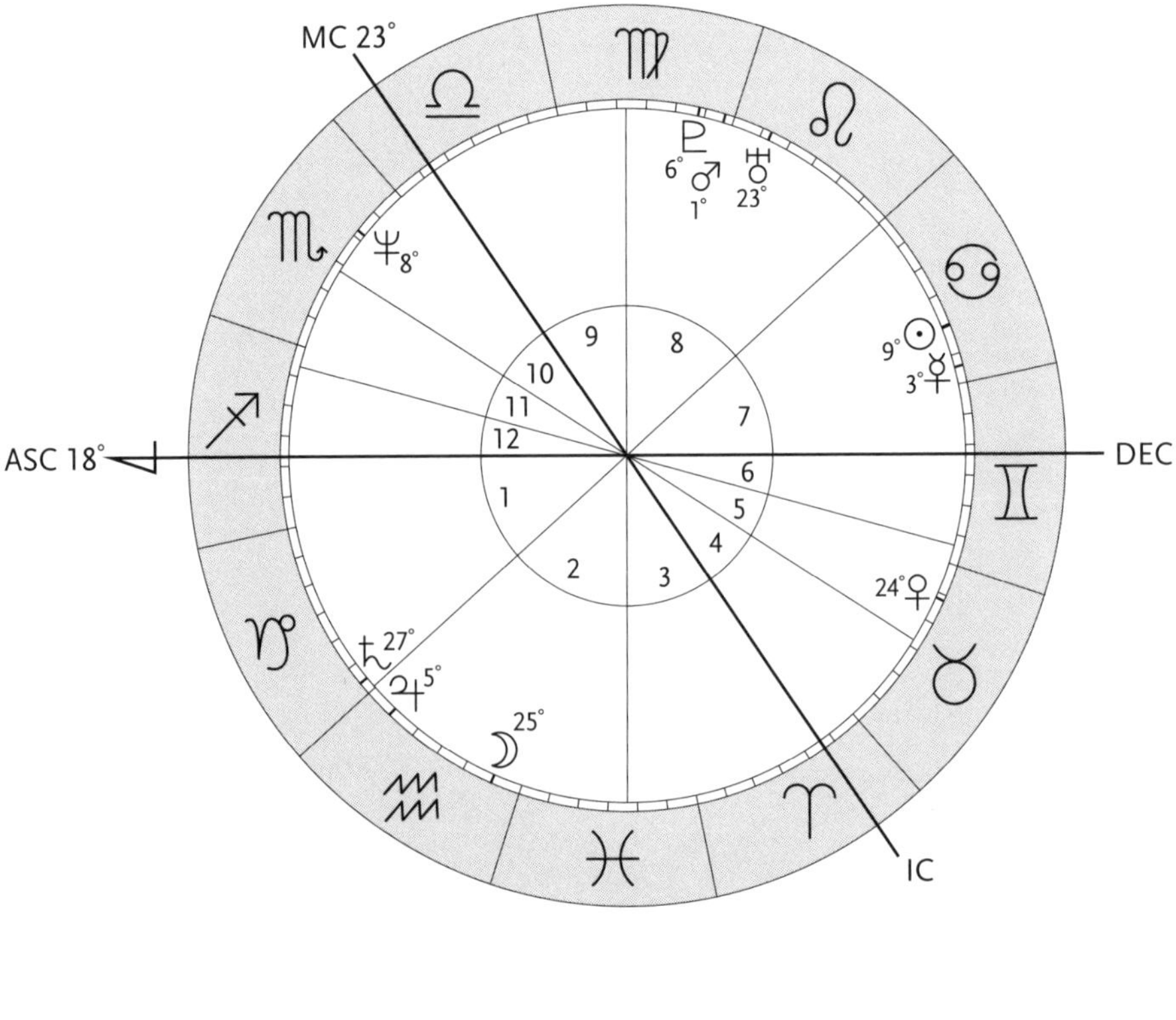

座の性質が暗示していました。

それでも二人は結婚の翌年、ウィリアムを、またその2年後にはヘンリーと二人の王子をもうけ、幸せな結婚生活が続くと思われました。しかし徐々に二人の心は離れてやがては別居、そして離婚へと至ります。残念ながら義母であるエリザベス女王も、ダイアナ元妃の苦しい胸の内を理解し、味方になることはありませんでした。女王の月は絶対王者の星・獅子座にあり、ダイアナ元妃の月星座・水瓶座とは、真逆の180度の関係。王室の伝統に異議を求める変革者の星・水瓶座を月に持つダイアナ元妃は、やがて王室内で孤立するようになります。それにしても3人の月星座は、女王（獅子座）、皇太子（牡牛座）、ダイアナ元妃（水瓶座）と、12星座の3区分（行動様式を表す）でいうと不動宮に相当。一度決断したらなかなか方針を変えない頑固さが特徴です。それぞれがお互いに歩み寄ることはなく、1992年末、二人はダブル不倫の末、正式に別居し、1996年の夏の終わりには正式に離婚、結婚生活は幕を閉じることになりました。その1年後に起こったダイアナ元妃の悲劇的な死については、世界中の人々が知るところとなります。世紀のロイヤルウェディングから16年、ダイアナ元妃の葬儀は異例の「王室国民葬」となりました。葬儀の様子は世界中に配信され、チャールズ皇太子につき添われて参列した二人の王子の姿が涙を誘いました。

沈黙を守り続けた世界最強の〝プロ彼女〟―カミラ夫人

正式離婚前の1995年に放送された、BBC番組のインタビューで、ダイアナ元妃は爆弾発言をしています。

「この結婚生活には3人の人間がいました。少し窮屈過ぎますね」

これは皇太子とカミラ夫人への渾身のカウンターパンチだったでしょう。

紆余曲折を乗り越えて現在はチャールズ皇太子の妻となっているカミラ夫人は、1947年7月17日、ロンドン生まれの蟹座です（またもや蟹座！）。

皇太子とカミラ・シャンドが初めて出会ったのは1970年代初頭。二人は惹かれ合い、交際がスタートしたといわれています。しかし数年後にカミラは皇太子の妹のアン王女と交際していた、社交界の人気者アンドルー・パーカー・ボウルズと結婚。そもそもこのボウルズが当初、皇太子にカミラを紹介したというエピソードもあり、手近なところでくっついたり離れたりする王族や貴族の恋愛お作法は、TVドラマや映画の世界に格好のネタを提供しています。

しかし二人の友情とも愛情ともいえる深い結びつきは、後の英国王室を揺るがす最大級のスキャンダルに発展します。年上の、どちらかというと地味なカミラ夫人の、いったいどこにチャールズ皇太子は惹かれ、執着し続けたのでしょうか。カミラ夫人の太陽星座は蟹座ですが、実は月星座も同様に蟹座です。蟹座は母性を司る情緒豊かな水の星座で、皇太子の蠍座の太陽と親和性のある相性です。おそらくチャールズ皇太子は、何があっても彼を優しく受け止める年上のカミラに、幼少時代から求めてやまなかった理想の母親像を投影したのではないでしょうか。

さらに詳しくホロスコープを見てみると、知性や思考方法を司る水星、愛情に関わる金星も蟹座にあることがわかります。また先に書いたようにエリザベス女王の土星が、皇太子の蠍座の太陽にプレッシャーを与え抑圧するのに対し、カミラの木星はチャールズの蠍座の太陽にポジティブさや自己肯定感を与えています。蟹座に集中する太陽、月、水星、金星が、内面に葛藤を抱える複雑な皇太子の人格をまるで母のようにしかと受け止め、発展と幸運の象徴である蠍座の木星が、「あなたはこのままでも大丈夫！」と自尊感情を育てる役割を果たしています。

結婚前のカミラを知る寄宿舎学校時代の友人は、「カミラは楽しいことが好きな人でした。そしてお金持ちで、よいお相手と結婚するのが最大の課題でした」と回想しています。仕事でキャリアを積むことに喜びを感じるタイプではなく、好きな人をサポートして、彼の〝最愛の女性〟になることこそ、太陽も月も蟹座にあるカミラの、人生を懸けた「お仕事」だったのかもしれません。ここで〝最愛の妻〟ではなく、あえて〝最愛の女性〟と書いたのにはわけがあります。

カミラの母方の曾祖母であるアリス・ケッペルは、エドワード7世（エリザベス女王の曾祖父）の長年の公妾にして最愛の女性でした。アリスは自分の愛妾としての立

カミラ夫人のホロスコープ

生年月日	1947 年 7 月 17 日
性別	女性
出生時刻	7:10
出生地	ロンドン

天体表

☉	太陽	蟹座	23°47'30"
☽	月	蟹座	10° 2'23"
☿	水星	蟹座	19°55'16"r
♀	金星	蟹座	10°34'37"
♂	火星	双子座	11°16'55"
♃	木星	蠍座	17°41'41"
♄	土星	獅子座	9°56'54"
♅	天王星	双子座	23°50'22"
♆	海王星	天秤座	8°13'36"
♇	冥王星	獅子座	12°23' 2"
☊	ミーンノード	牡牛座	29°42'13"
⚷	カイロン	蠍座	2°31' 6"
ASC		獅子座	4°53'48"
MC		牡羊座	12°31'35"

✶バースチャートでは、
各天体の入座位置は分以下を
切り捨てて表示しました
（例 太陽：蟹座の23°47'30" →23°）。
正確な数値は
天体表を参照してください。

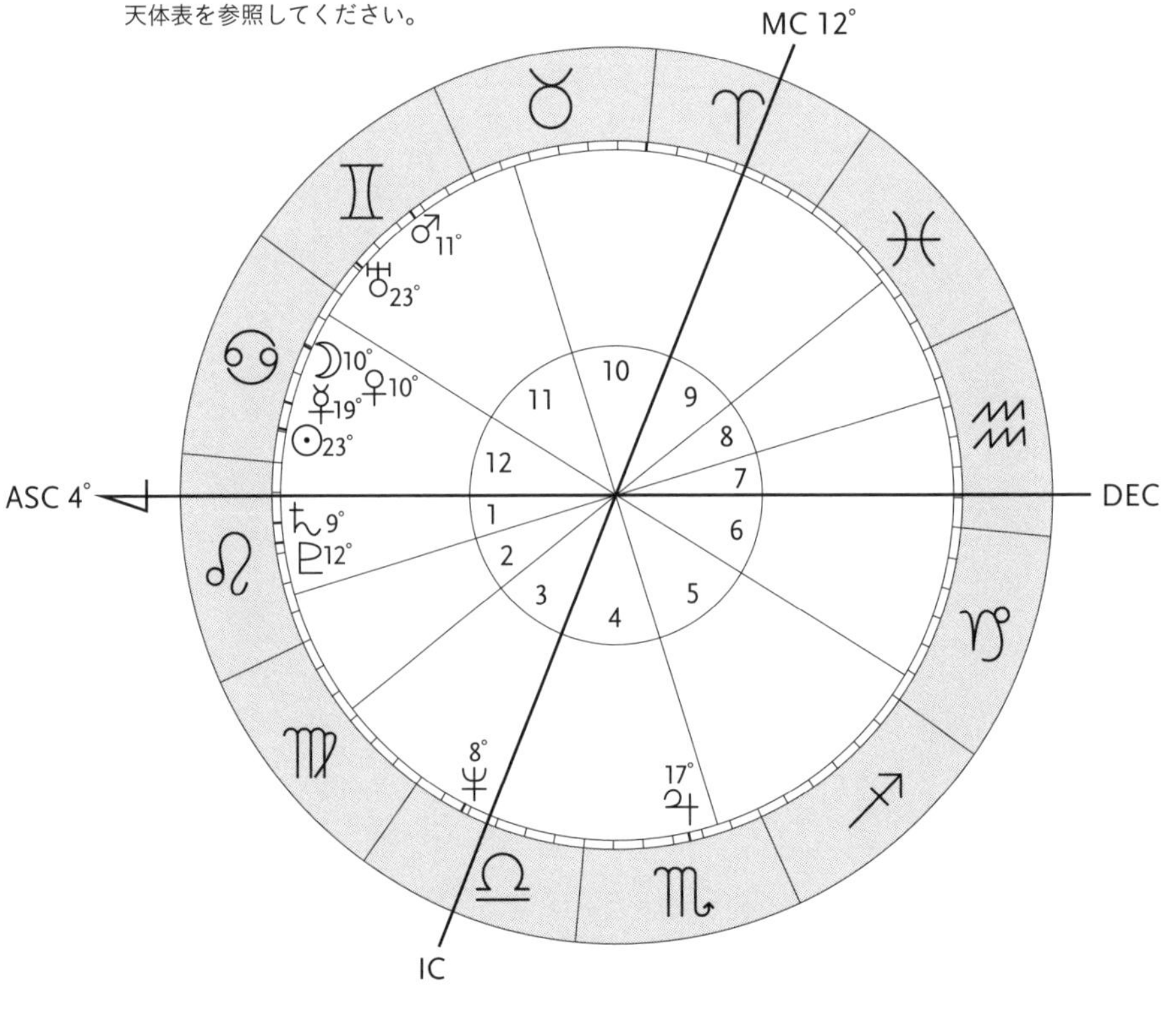

場をわきまえており、王妃にも一目置かれる存在だったといいます。カミラがこの曽祖母をことのほか尊敬していたという話が、まことしやかに伝わっています。カミラ夫人の在り方は、今風にいうと究極の「プロ彼女」といえるでしょう。交際中に自分の存在をSNSなどで匂わせたりせず、自分への悪口や下品なゴシップなどにも反論せず、ひたすら沈黙を守り続けて望みのポジションを手に入れたのですから。

カミラのホロスコープに話を戻すと、少し本格的な解釈になりますが、蟹座に位置する太陽、月、金星、水星は、「秘密や隠されたもの」を表す第12ハウスに位置しています。「結婚」をテーマとする第7ハウスにはひとつも星がなく、愛情面では妻というより愛人向きの星回りです。ダイアナ元妃の死後、カミラは「皇太子とダイアナ妃の結婚を壊した人物」として非難の的になります。ほぼ全英国民を敵に回し、「嫌われ者」の立場に甘んじますが、長年かかってチャールズ皇太子を支え続けました。その控えめな態度が功を奏し、やがては「価値のある王室のメンバー」として認められていくようになります。二人は2005年、ロイヤルウェディングではなく民事婚を選択。そして現在では王室伝記作家やコメンテーターたちをして「チャールズ皇太子はカミラ夫人を心から愛しています」と言わしめるまでになっています。カミラ夫人の人生は、いわば世界最強の「プロ彼女」伝説といえるかもしれません。

月星座は日常のふるまいに影響を及ぼし、生活を共にするうえでの相性を表すと書きました。チャールズの月は地の星座の牡牛座、カミラの月は水の星座の蟹座で、セクスタイル（60度の調和角）となり、穏やかな愛情を育める相性です。ひとつ面白いエピソードがあります。牡牛座の月はモノへのこだわりが強い配置です。皇太子は「無類のきれい好き」で、モノがあるべき場所にないと落ち着かない性格だとか。蟹座の月は心がハッピーであれば、部屋が散らかっていようが全く気にしないタイプです。カミラ夫人はときどき別宅に赴き、カジュアルな普段着に着替えて、好きなTV番組を見ながら思い切り羽を伸ばすと伝えられています。一緒にいるときはどこまでも夫を立て、ときどき上手に息抜きをする。それは何十年もの交際期間を経て、さまざまな困難を乗り越えてきたカップルの、結婚を健全に維持していくための知恵なのでしょう。

二人の王子たち　けなげな心優しき長男ーウィリアム王子

いつしか月日は流れて、ダイアナ元妃の悲劇的な死も人々の記憶から薄れていき、今や英国王室人気を支えているのは、若き二人の王子になりました。

ウィリアム王子は、1982年6月21日パディントン生まれ。太陽星座は母親のダイアナ元妃と同じ水象星座の蟹座。この日は新月で、月星座も蟹座に位置しています。父親のチャールズ王子も水の星座の蠍座です。王子が生まれた頃はまだ二人は仲睦まじく、公務の出席を減らして子育てに尽くしたそうです。3人とも水の星座なので、

ウィリアム王子のホロスコープ

生年月日	1982年6月21日
性別	男性
出生時刻	21:03
出生地	パディントン

天体表

☉	太陽	蟹座	0° 6'22"
☽	月	蟹座	4°57'53"
☿	水星	双子座	8°58' 9"
♀	金星	牡牛座	25°39'47"
♂	火星	天秤座	9°12'19"
♃	木星	水瓶座	0°29'21"r
♄	土星	蠍座	15°30'26"
♅	天王星	射手座	1°29'40"r
♆	海王星	射手座	25°32'37"r
♇	冥王星	天秤座	24° 9'40"r
☊	ミーンノード	蟹座	14° 5' 7"
⚷	カイロン	牡牛座	25°16'58"
ASC		射手座	27°26'10"
MC		蠍座	2°25'41"

＊バースチャートでは、
各天体の入座位置は分以下を
切り捨てて表示しました
（例 太陽：蟹座の0°6'22" →0°）。
正確な数値は
天体表を参照してください。

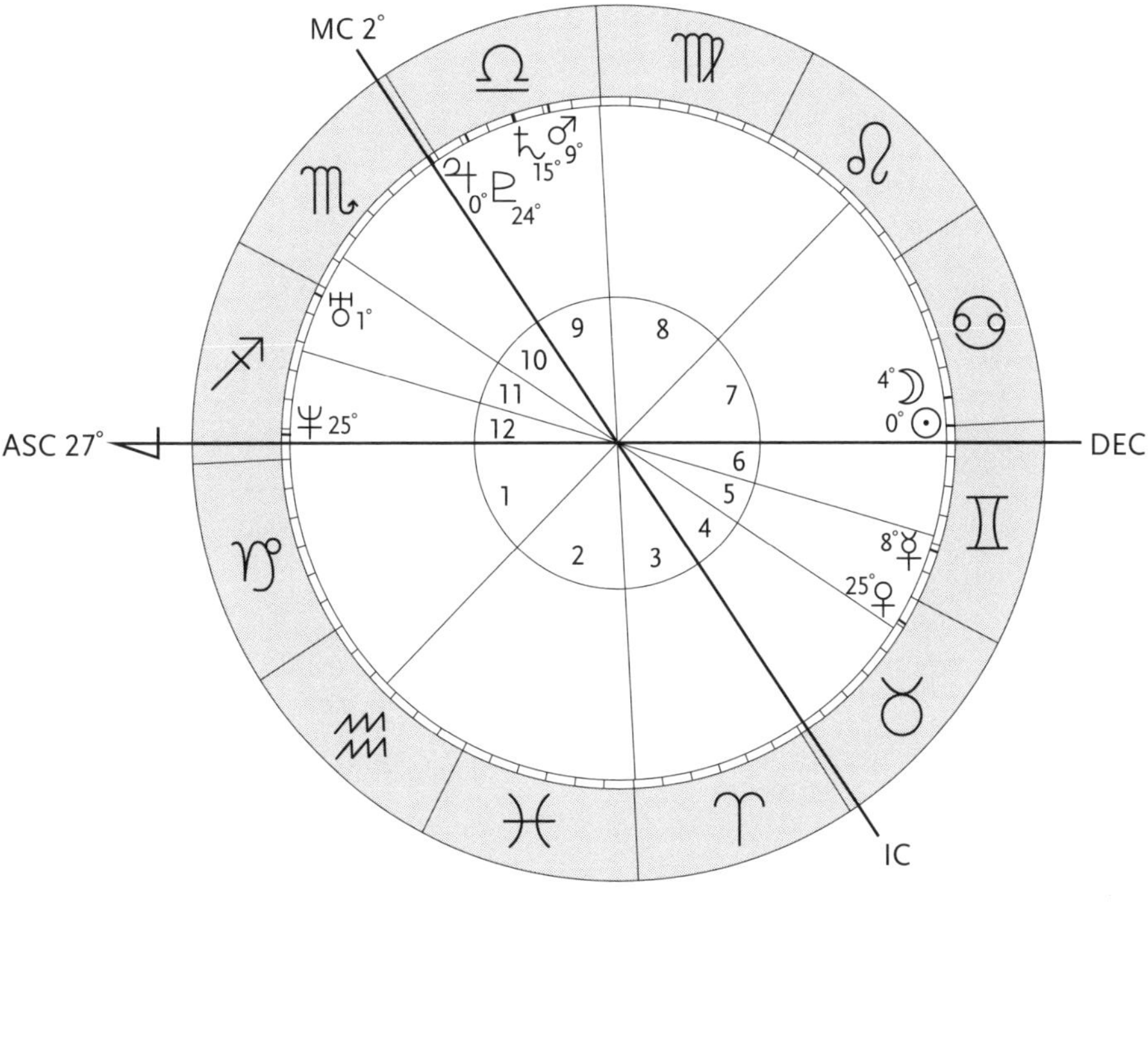

お互いにシンパシーを感じる相性です。

子どもの頃から感受性が豊かで、どちらかというとシャイ、そして思いやりのある子どもだったでしょう。蟹座は女性宮の中でも最も受け身的な星座です。いわゆるマッチョの対極、ややフェミニンな印象もあります。

また蟹座の月のモットーは、愛する人の最高の味方になることです。別居や離婚を経験してダイアナ元妃が失意の日々を送っているとき、おそらく彼女を支えたのはまだ幼いウィリアム王子だったはずです。「母を守る」というミッションを自分に課すことで、王子は成長していったのだと思います。またその気持ちに対して、ダイアナ元妃もあふれんばかりの愛情を息子に注いだはずです。

ダイアナ元妃の月星座は風象星座の水瓶座にあり、ちょっとサバサバした面もあったでしょう。ひとつ印象的なエピソードを紹介しておきます。ウィリアム王子の誕生の際に、数千人の人々から贈り物をもらったそうです。ダイアナ元妃はその方々に一人残らずお礼状を書いたと伝えられています。水瓶座の月のキーワードは、自由・平等・博愛精神。息子と直接触れ合う時間は減ったとしても、その行為は「いずれ国王になる私の息子を守ってほしい」との願いを込めたもので、それもまた息子への深い愛情表現だったのでしょう。

ロイヤルファミリーを築くミッションに燃える──キャサリン妃

悲劇的な母の死を乗り越えて成長した王子は、セント・アンドルーズ大学の学友だったキャサリン・ミドルトンと出会い、約7年間愛を育み結婚します。

キャサリン妃は、1982年1月9日、バークシャー生まれ。太陽星座は山羊座で、月星座はウィリアム王子と同じ蟹座です。山羊座と蟹座は180度正反対の星座なので、満月生まれです。山羊座は努力家で責任感が強く、社会性があります。ストイックで、目に見える結果を出すことに喜びを感じるタイプです。王子と交際する前は、ファッションブランド「ジグソー」で、アクセサリー部門のバイヤーをしていたこともあります。もし王室に入らなければ、当たり前にキャリアウーマンの道を選んだことでしょう。

月星座が同じ二人は、生活面でも感情面でもいたわり合える最良の相性です。ただし性格面では太陽星座が山羊座のキャサリン妃のほうが、生真面目で厳しい面がありますす。結婚生活でリーダーシップを握っているのは、案外、キャサリン妃かもしれません。さて通常、満月生まれは、自分の中の相反する性質や求める理想の間で葛藤があります。山羊座の太陽は目的意識が強く、社会的に成功したいと望み、蟹座の月は「愛する人を支えたい」「子どもの成長を見守るよき母親になりたい」と願います。もし一般人との結婚ならば、仕事か家庭かという答えの出ない命題に翻弄されることに

キャサリン妃のホロスコープ

生年月日	1982 年 1 月 9 日
性別	女性
出生時刻	19:00
出生地	バークシャー

天体表

☉	太陽	山羊座	19°12' 3"
☽	月	蟹座	18°41'33"
☿	水星	水瓶座	6°14' 5"
♀	金星	水瓶座	7°13'20"r
♂	火星	天秤座	10°27'52"
♃	木星	蠍座	7°16'24"
♄	土星	天秤座	21°50'29"
♅	天王星	射手座	3° 7'46"
♆	海王星	射手座	25°27'57"
♇	冥王星	天秤座	26°48'55"
☊	ミーンノード	蟹座	22°43'10"
⚷	カイロン	牡牛座	18° 3'17"
ASC		獅子座	19°45'51"
MC		牡牛座	4°55'50"

＊バースチャートでは、
各天体の入座位置は分以下を
切り捨てて表示しました
（例 太陽：山羊座の19°12'3" →19°）。
正確な数値は
天体表を参照してください。

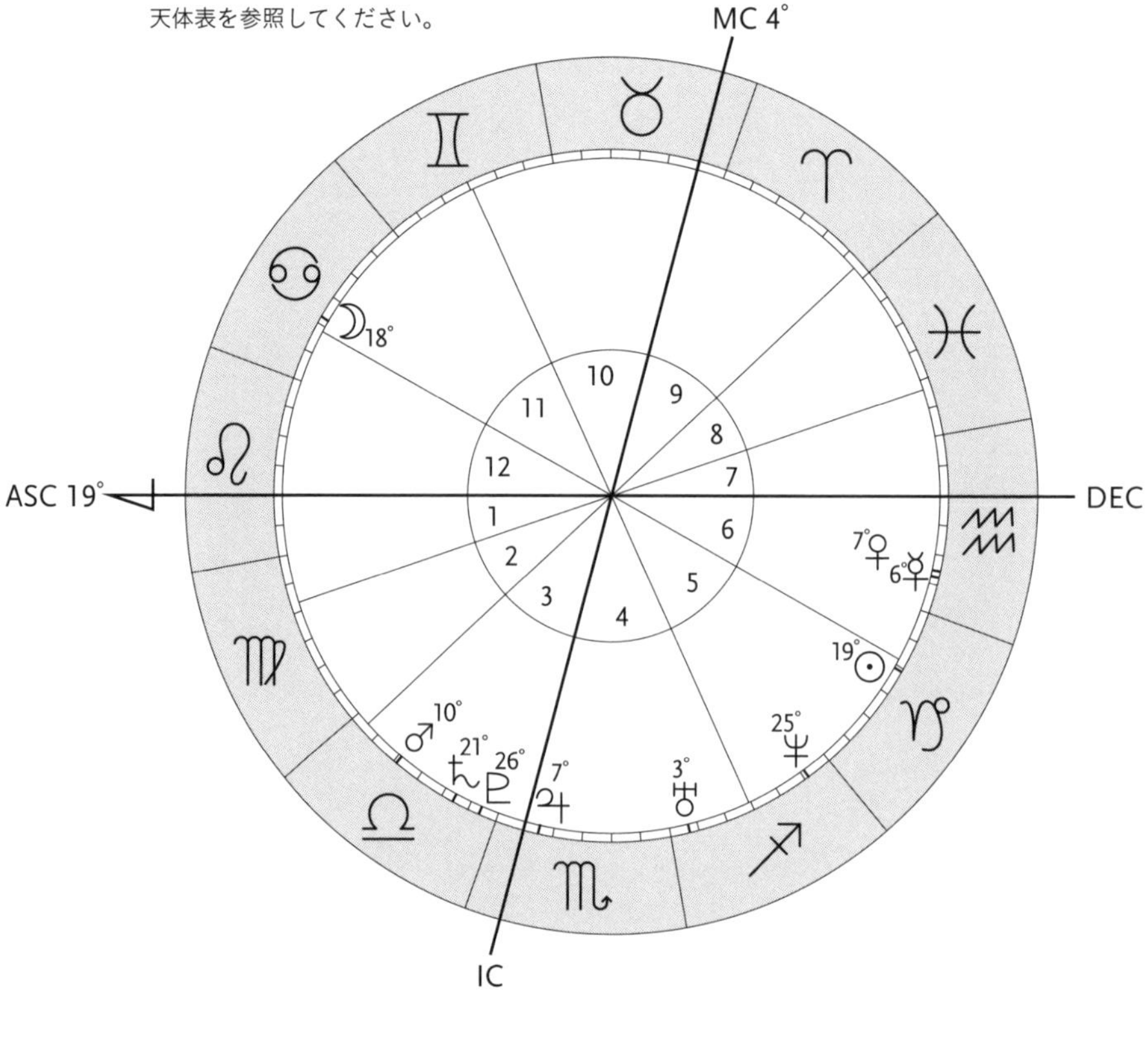

なりますが、キャサリン妃の〝永久就職先〟は英国王室です。「国民に愛されるロイヤルファミリーを築くこと」こそ、キャサリン妃の最大のミッションであり、太陽・山羊座で膨大な公務をこなしつつ、月・蟹座で子育てや夫との愛情を深める生活に余念がありません。

さて未来の英国王室を担う二人の子どもたちのホロスコープについてもさらりと触れておきましょう。

◎ジョージ王子の太陽星座は蟹座（水の星座）、月星座は山羊座（地の星座）。ウィリアム王子と同じ蟹座。そしてキャサリン妃の太陽と月が入れ替わった形で、共に女性宮。両親の性質を受け継いでいる。満月生まれで内面の葛藤がある。

◎シャーロット王女の太陽星座は牡牛座（地の星座）、月星座は天秤座（風の星座）。女王と同じ牡牛座。しっかり者で強情な面は女王譲り？　美意識が高く社交性があり、自由を求めるタイプ。

◎ルイ王子の太陽星座は牡牛座（地の星座）、月星座は獅子座（火の星座）。エリザベス女王と太陽、月が同じ配置。やんちゃで王者の風格を持ち、伝統と革新が人生のテーマに。

ジョージ王子のホロスコープ

生年月日	2013 年 7 月 22 日
性別	男性
出生時刻	16:24
出生地	ロンドン

天体表

☉	太陽	蟹座	29°58'44"
☽	月	山羊座	28°17' 9"
☿	水星	蟹座	13°31'37"
♀	金星	乙女座	0° 8'10"
♂	火星	蟹座	6° 7' 9"
♃	木星	蟹座	5°58'19"
♄	土星	蠍座	4°59'20"
♅	天王星	牡羊座	12°30'44"r
♆	海王星	魚座	4°51'38"r
♇	冥王星	山羊座	9°47' 6"r
☊	ミーンノード	蠍座	12°52' 0"
⚷	カイロン	魚座	13°14'57"r
ASC		蠍座	27°10' 0"
MC		乙女座	20°36'29"

＊バースチャートでは、
各天体の入座位置は分以下を
切り捨てて表示しました
（例 太陽：蟹座の29°58'44" →29°）。
正確な数値は
天体表を参照してください。

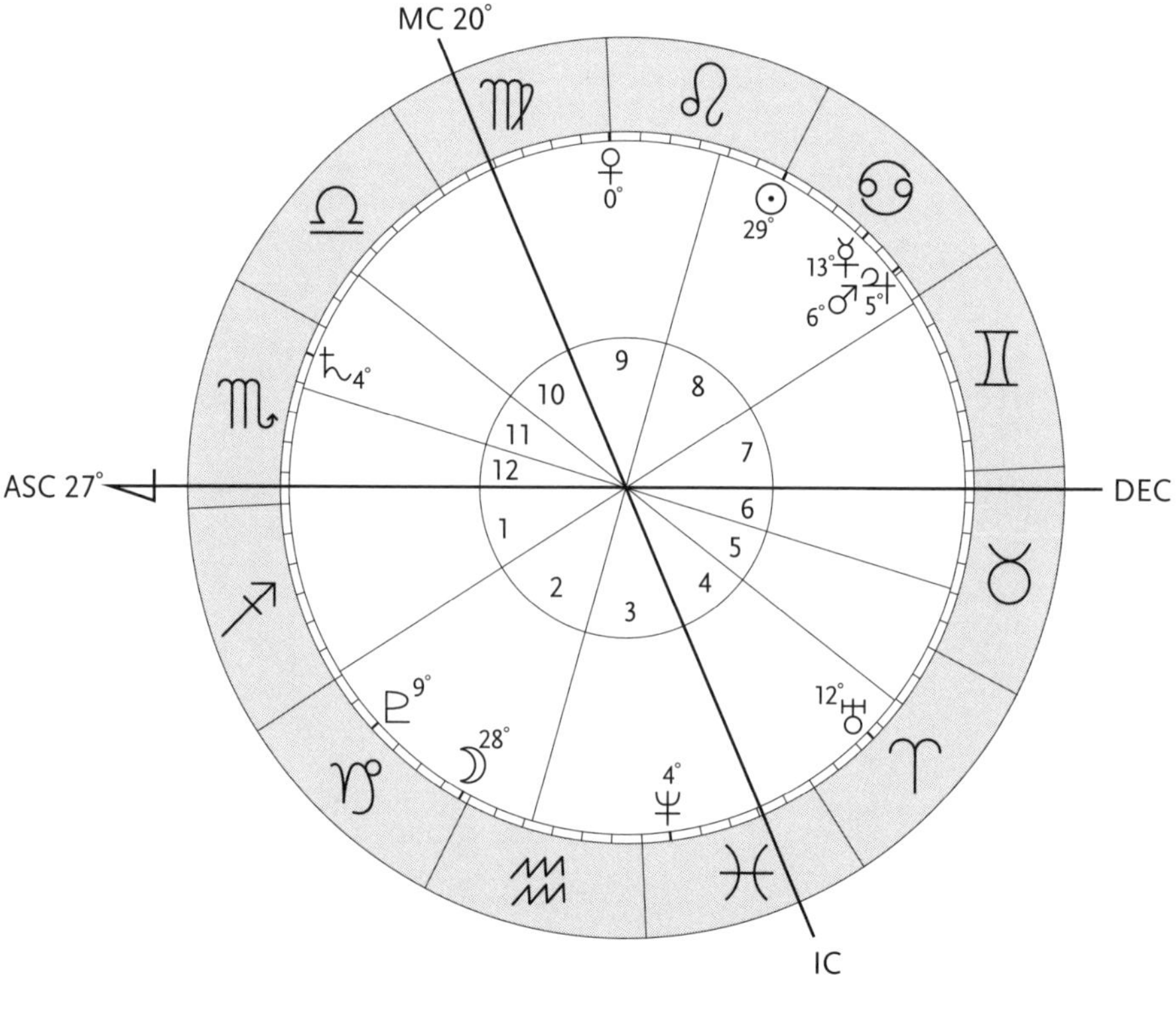

シャーロット王女のホロスコープ

生年月日	2015 年 5 月 2 日
性別	女性
出生時刻	8:34
出生地	ロンドン

天体表

☉	太陽	牡牛座	11°35'42"
☽	月	天秤座	20°44'23"
☿	水星	双子座	1°42'10"
♀	金星	双子座	23°43'18"
♂	火星	牡牛座	23° 2' 5"
♃	木星	獅子座	13°26'33"
♄	土星	射手座	3° 7'40"r
♅	天王星	牡羊座	17°53'38"
♆	海王星	魚座	9°21'57"
♇	冥王星	山羊座	15°29'21"r
☊	ミーンノード	天秤座	8°30'49"
⚷	カイロン	魚座	20°20'17"
ASC		蟹座	5°34' 7"
MC		魚座	1°11'52"

＊バースチャートでは、
各天体の入座位置は分以下を
切り捨てて表示しました
（例 太陽：牡牛座の11°35'42" →11°)。
正確な数値は
天体表を参照してください。

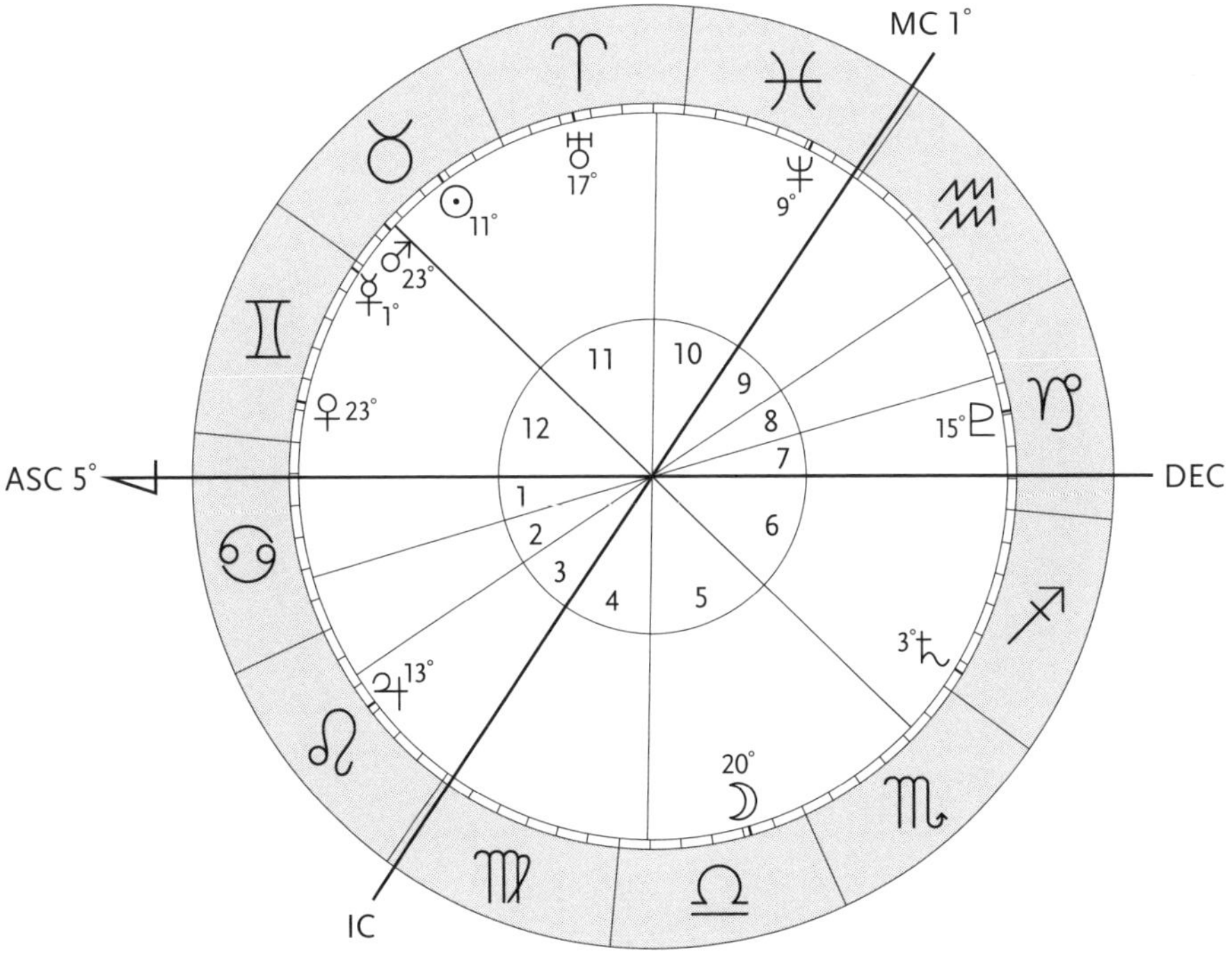

ルイ王子のホロスコープ

生年月日	2018 年 4 月 23 日
性別	男性
出生時刻	11:01
出生地	パディントン

天体表

☉	太陽	牡牛座	3°12'15"
☽	月	獅子座	9°52'51"
☿	水星	牡羊座	7°22'39"
♀	金星	牡牛座	28°26'44"
♂	火星	山羊座	19°48' 1"
♃	木星	蠍座	20°17'13"r
♄	土星	山羊座	9° 7'32"r
♅	天王星	牡羊座	28°45'44"
♆	海王星	魚座	15°39'23"
♇	冥王星	山羊座	21°17'14"r
☊	ミーンノード	獅子座	10°56'36"
⚷	カイロン	牡羊座	0°19'24"
ASC		蟹座	27°39'11"
MC		牡羊座	1°34'47"

✶バースチャートでは、
各天体の入座位置は分以下を
切り捨てて表示しました
（例 太陽：牡牛座の3°12'15" →3°）。
正確な数値は
天体表を参照してください。

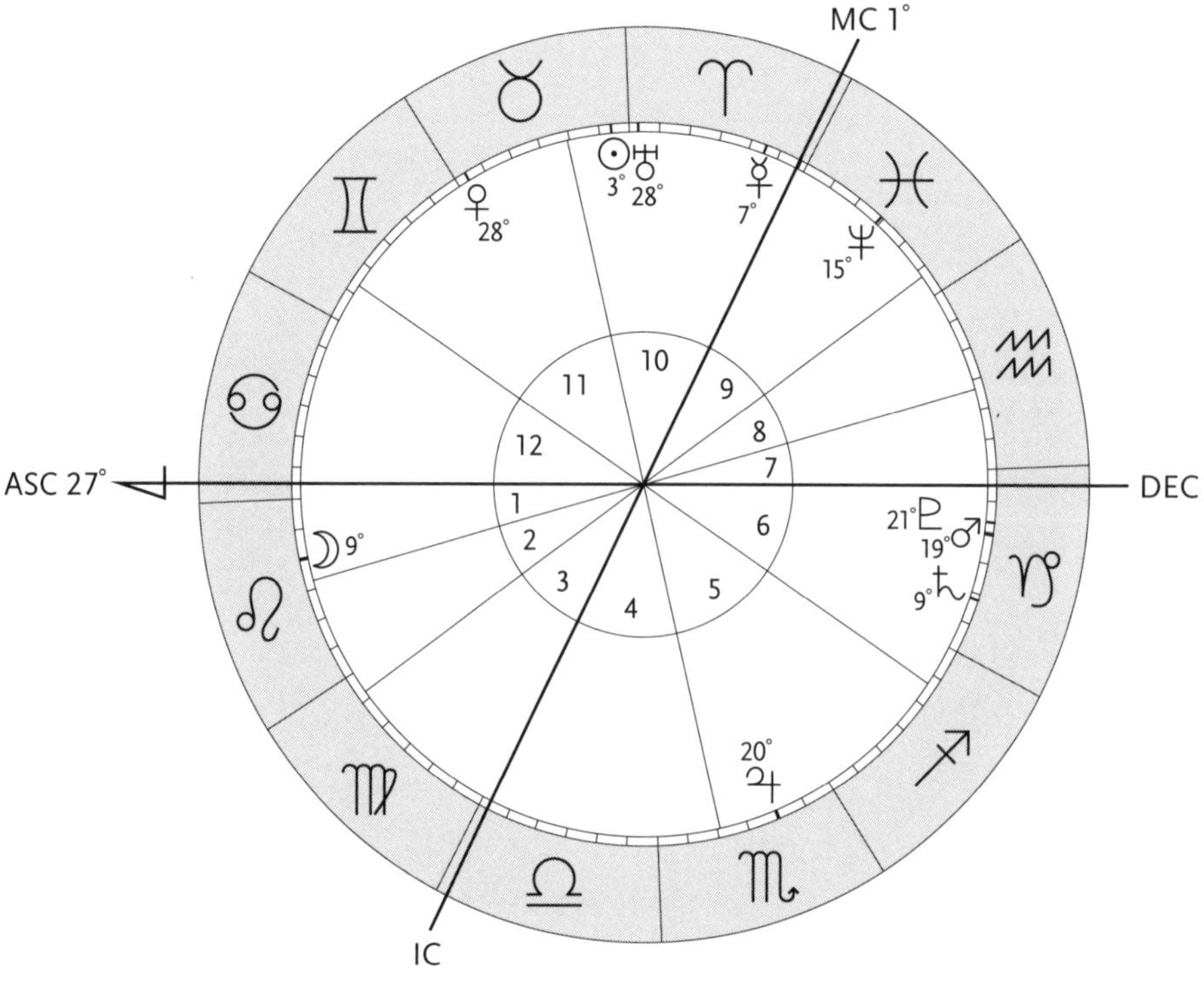

トラウマを抱えるやんちゃな次男ー ヘンリー元王子

「ブレグジット」（英国のＥＵ離脱）に揺れるイギリスに、もうひとつの離脱問題が人々の関心を集めています。「メグジット」、それはヘンリー元王子夫妻の王室引退にちなみ、メーガン元妃の名前をもじった造語です。

エリザベス女王の孫でダイアナ元妃の忘れ形見、ヘンリー元王子は、いったいどんな星のもとに生まれたのか。ホロスコープを見てみましょう。

ヘンリー元王子は、１９８４年9月15日、パディントンで、チャールズ皇太子とダイアナ元妃の次男として生まれました。太陽星座は乙女座、月星座は牡牛座と、地の星座の影響が強いのが特徴です。家族の中で彼だけが地象星座で、他は全員が水象星座生まれです。地の星座は、現実に存在するものを五感でとらえ、快・不快で物事を判断する傾向があります。

太陽星座の乙女座は、元王子が純粋で分析力に優れ、完璧さを求める性格を表しています。月星座は、幼少時代に培われた無意識の気質や、日常生活における習慣的なふるまいを表します。月が牡牛座にある人は、世界を皮膚感覚でとらえます。何事もよく見てよく味わう。そのため外から見ると「のんびりしている」「反応が鈍い」と思われがちです。またロマンティックな表現は苦手で、心地よさをもたらすモノや人を「愛おしい」と感じます。安定した状況を壊す相手に怒りを覚え、大切なものを亡

ヘンリー元王子のホロスコープ

生年月日	1984 年 9 月 15 日
性別	男性
出生時刻	16:20
出生地	パディントン

天体表

☉	太陽	乙女座	22°56'56"
☽	月	牡牛座	21°20'14"
☿	水星	乙女座	5°12'22"
♀	金星	天秤座	17°42'28"
♂	火星	射手座	16°57' 7"
♃	木星	山羊座	3°33'47"
♄	土星	蠍座	12°50'38"
♅	天王星	射手座	9°52'42"
♆	海王星	射手座	28°39'49"
♇	冥王星	蠍座	0°33'27"
☊	ミーンノード	双子座	0°49'58"
⚷	カイロン	双子座	8°32'57"
ASC		山羊座	11°21'23"
MC		蠍座	17° 2' 2"

*バースチャートでは、
各天体の入座位置は分以下を
切り捨てて表示しました
（例 太陽：乙女座の22°56'56" →22°）。
正確な数値は
天体表を参照してください。

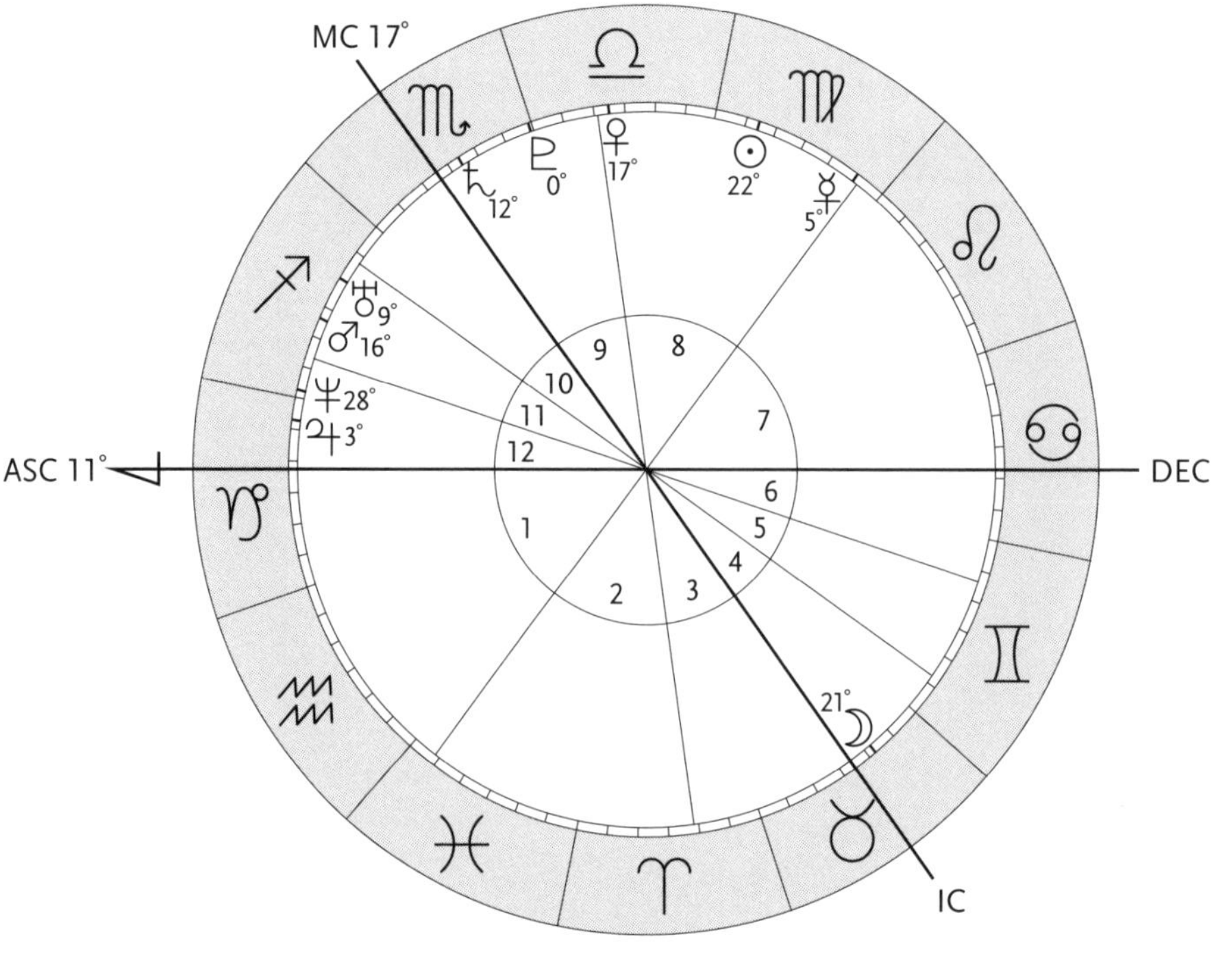

くした喪失感はいつまで経っても体の中に澱のように残ります。どの星座にも増して、牡牛座の月にはスキンシップが重要です。

家族全員のホロスコープを調べると、家族間に働くファミリーダイナミクスが読み取れます。親子の組み合わせでいうと、ヘンリー元王子以外はすべて水象星座です。水の星座のコミュニケーションは、いかに相手を心情的に理解するかが重要です。たとえば同じ映画を観て泣けるツボが一緒だったり、ふとした言葉に相手の思いやりや愛情が感じられたりすると、心が通じ合っていると安心します。たぶん、ウィリアム王子はダイアナ元妃に「愛されていた」という確信があるのだと思います。悲しみに襲われたときには、そんな記憶を口の中で飴玉を転がすように再現しながら、自分で自分を癒やす方法を身につけてきたのでしょう。父親の再婚相手には当然、複雑な感情を抱いたと思いますが、カミラ夫人とウィリアム王子は、太陽も月も同じ蟹座なので、どことなくシンパシーを感じる部分もありそうです。そんな中で地の星座の影響が強く、ホロスコープ上に水の星座がほとんどないヘンリー元王子は、まるで自分は「家族の中のブラックシープ（黒い羊）」であるかのような疎外感を抱いたことでしょう。極端に言うと、家族間で交わされる言語がまるで外国語のように聞こえる、「自分だけがどこか違う」感じを味わってきたはずです。

ダイアナ元妃が悲劇的な死を遂げたとき、ヘンリー元王子はまだ12歳でした。自由を愛し、博愛精神にあふれる水瓶座の月を持つダイアナ元妃は、恵まれない人々を救済する福祉活動や慈善事業をライフワークにしていました。母親との甘やかな触れ合いの時間は少なく、しかもある日突然、理不尽に絶たれてしまいます。月の欲求が満たされないと、月は飢餓状態に陥り、特に牡牛座の月の場合は、感情をブロックすることでしか、自分を保てなくなります。元王子は後に、

「母の死から20年近く、すべての感情を閉じてしまっていたため、28歳になるまで自分の深い悲しみに気づかなかった」

と語り、セラピーを受けていることを告白します。

学業優秀で文系のウィリアム王子に比べて、ヘンリー元王子は明らかに体育会系。成人後は王立陸軍士官学校からイギリス陸軍に入隊し、アフガニスタンでのタリバーン掃討作戦にも加わっています。やんちゃで陽気、ときに羽目を外し過ぎる弟王子として、常にタブロイド紙を賑わしてきましたが、2018年5月に年上で離婚歴のあるアフリカ系アメリカ人の女優、メーガン・マークルと結婚。そして2年も経たないうちに、夫婦で王室を離れることになりました。

それではこの二人の関係性についても、占星術で見ていきましょう。

常に「主役」の座を探し求める――メーガン元妃

メーガン元妃は1981年8月4日、ロサンゼルス生まれ。20代で女優デビューし、

テレビシリーズ『SUITS／スーツ』に出演。ここで挙げてきた王室メンバーは女王以下、すべての太陽星座が地の星座か水の星座でしたが、メーガン元妃だけが火の星座の獅子座です。基本的な性格は明るく朗らかで創造的、ある意味、単純で裏表がなく、自己顕示欲が強いタイプです。加えて月星座は社交的な風の星座の天秤座です。美的感覚に優れ、風通しのよい人間関係を好む傾向があり、人の評判を気にする面も特徴です。まさにハリウッドに集うセレブリティの香りがします。二人の太陽と月の組み合わせは、何ひとつ共通点がありません。

たとえばウィリアム王子とキャサリン妃は、月星座が同じ蟹座であることを思い出すと、かなり異質な感じがします。しかし詳しくホロスコープを見ると、愛情を司る金星が謎解きをしてくれます。ヘンリー元王子の金星は天秤座にあり、メーガン元妃の月と同じ星座。これは元王子の好みの女性のタイプを物語ります。実際、メーガン元妃と出会う前に恋愛関係にあったチェルシー・デービーも太陽が天秤座で、どうやら元王子は華やかで社交的な女性が好みのタイプのようです。またメーガン元妃の金星も元王子の太陽星座である乙女座にあるので、恋愛関係に陥るのは理解できます。ウィリアム王子は7年という時間をかけてキャサリン妃と愛情を育んできたのに対し、二人は交際期間が短く、勢いで結婚式を挙げてしまった感が否めません。二人の相性は恋愛向きで、忍耐と責任を要する結婚生活を共に築き上げるうえでの結びつきは弱いでしょう。

メーガン元妃のホロスコープ

生年月日	1981 年 8 月 4 日
性別	女性
出生時刻	4:46
出生地	カノガパーク(USA)

天体表

☉	太陽	獅子座	11°59'54"
☽	月	天秤座	4°53'58"
☿	水星	獅子座	5°35'45"
♀	金星	乙女座	13° 8'18"
♂	火星	蟹座	11°26'59"
♃	木星	天秤座	6°40'33"
♄	土星	天秤座	5°51'39"
♅	天王星	蠍座	26° 3' 6"
♆	海王星	射手座	22°19'11"r
♇	冥王星	天秤座	21°51'10"
☊	ミーンノード	獅子座	1° 6' 9"
⚷	カイロン	牡牛座	22°35'23"
ASC		蟹座	24°17' 4"
MC		牡羊座	11°48'17"

＊バースチャートでは、
各天体の入座位置は分以下を
切り捨てて表示しました
（例 太陽：獅子座の11°59'54" →11°）。
正確な数値は
天体表を参照してください。

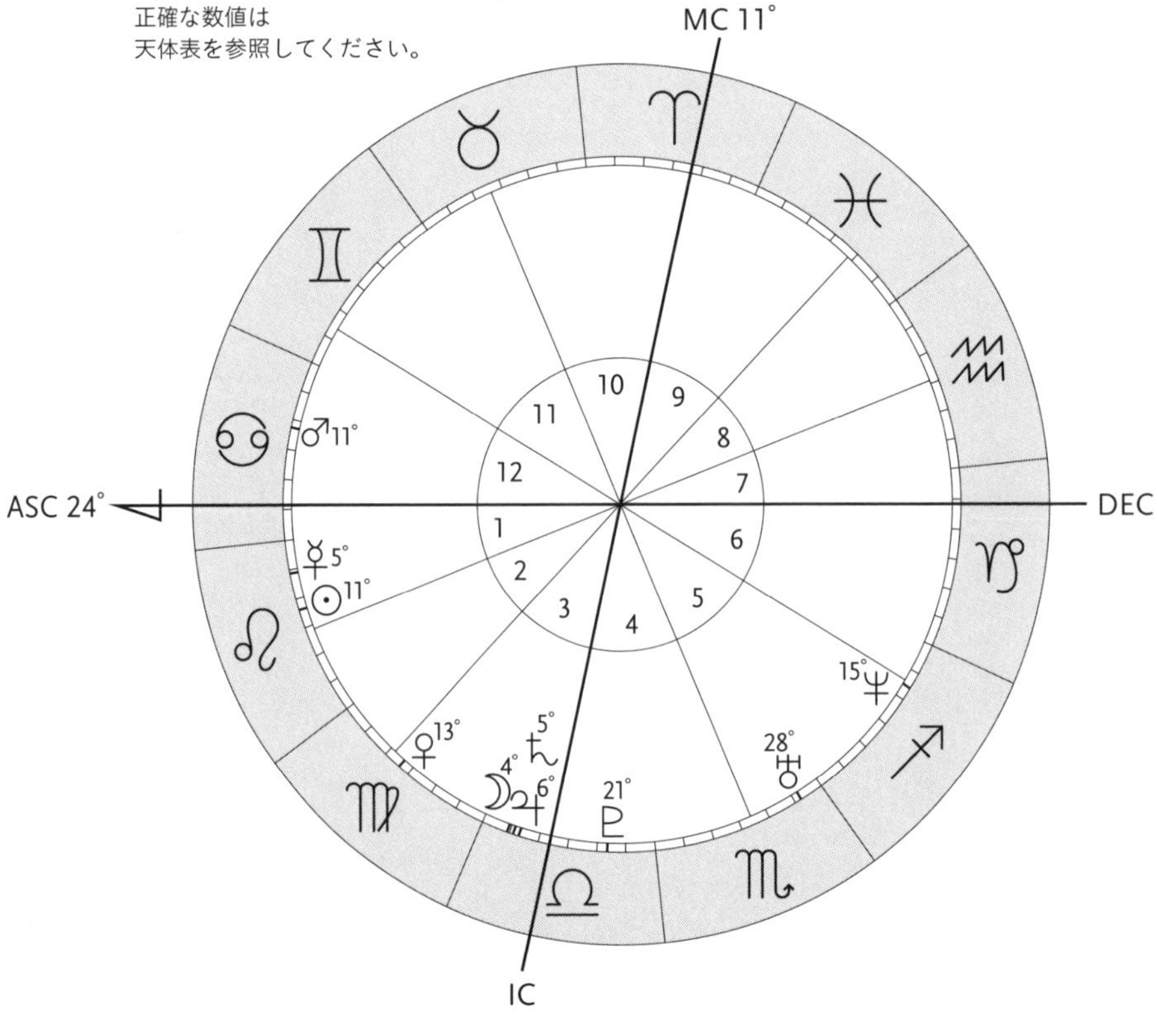

また英国王室の歴史の中で、風の星座を持つ女性は王室とは相性が悪いように思われます。エリザベス女王の叔父にあたるエドワード8世は、離婚歴のあるアメリカ人のシンプソン夫人と恋に落ち、王位を捨てました。シンプソン夫人は双子座で、月が天秤座。無類の社交好きで、王族や貴族が集まるサロンを主宰。エドワードとの恋愛は『王冠を賭けた恋』として大スキャンダルになりました。チャールズ皇太子の弟のアンドルー王子と結婚し、やがて離婚したセーラ元妃も、自由奔放で社交好きの天秤座でした。ダイアナ元妃は蟹座でしたが、月は風の星座の水瓶座にあり、やはり王室を離れることになりました。おそらく風の星座特有の、束縛を嫌う自由さが、伝統としきたりを重んじる王室にはなじめないのでしょう。

獅子座のメーガン元妃にとって、生きることは自己表現することにほかなりません。英国王室は今まで慣れ親しんできたエンターテインメント業界同様、自分が「主役」として輝くことができる舞台であるはずでした。しかしそこには誤算があったようです。

たとえば山羊座のキャサリン妃は、与えられたミッションをクリアすることに喜びを覚え、その課題が厳しければ厳しいほど燃えるタイプです。自分の存在は、伝統を継承していくためのひとつの駒であっても構わないという覚悟で公務に臨んでいるのでしょう。加えて月の蟹座の心情は「愛する人と共に温かい家庭を築きたい」で、その思いをウィリアム王子と共有しています。しかし王室の公務にも自分ルールや自己演出を持ち込みたいメーガン元妃に、英国式の古臭い伝統やしきたりは乗り越えられない大きな壁と映り、風の星座で、結婚後も自由な人との交流を求める月の天秤座が酸欠状態に陥ったのではないでしょうか。

さてヘンリー元王子とメーガン元妃の愛息についても少し触れておきましょう。

◎アーチー王子の太陽星座は牡牛座（地の星座）、月星座は双子座（風の星座）。

エリザベス女王の太陽、チャールズ皇太子やヘンリー元王子の月が牡牛座なので、安定を望み伝統を継承していく要素あり。双子座の月は変化に強く、適応能力が高い。

ヘンリー元王子とメーガン元妃は王室を離脱し、新しい生活をスタートさせました。メーガン元妃には女優復帰やビジネス開始といった計画、はたまた政界進出の噂もあります。月星座が牡牛座にあるヘンリー元王子にとって、妻と一緒に過ごす時間が短くなるのが心配です。この配置は別居結婚には向きません。幼少時のトラウマが再燃しないことを願うばかりです。しかしどのような状況になっても、女王、皇太子、そして兄のウィリアム王子一家は、ヘンリー元王子を支え愛し続けます。英国王室はヘンリー元王子の帰還を喜んで迎え入れるでしょう。王室という特別な環境に身を置く彼らですが、そこには私たち一般人と何ら変わりないさまざまなドラマがあります。

そしてその根底には脈々と続く「伝統」と「愛」が彼らを支えているのでしょう。

アーチー王子のホロスコープ

生年月日	2019年5月6日
性別	男性
出生時刻	5:26
出生地	ロンドン

天体表

☉	太陽	牡牛座	15°22'45"
☽	月	双子座	0°25'25"
☿	水星	牡羊座	28°56' 1"
♀	金星	牡羊座	18°48'13"
♂	火星	双子座	23°33'20"
♃	木星	射手座	23°21'34"r
♄	土星	山羊座	20°29'17"r
♅	天王星	牡牛座	3°17' 0"
♆	海王星	魚座	18° 9'10"
♇	冥王星	山羊座	23° 7'12"r
☊	ミーンノード	蟹座	20°56'17"
⚷	カイロン	牡羊座	4°17'55"
ASC		牡牛座	13°30' 2"
MC		山羊座	18°32'20"

＊バースチャートでは、
各天体の入座位置は分以下を
切り捨てて表示しました
（例 太陽：牡牛座の15°22'45" →15°）。
正確な数値は
天体表を参照してください。

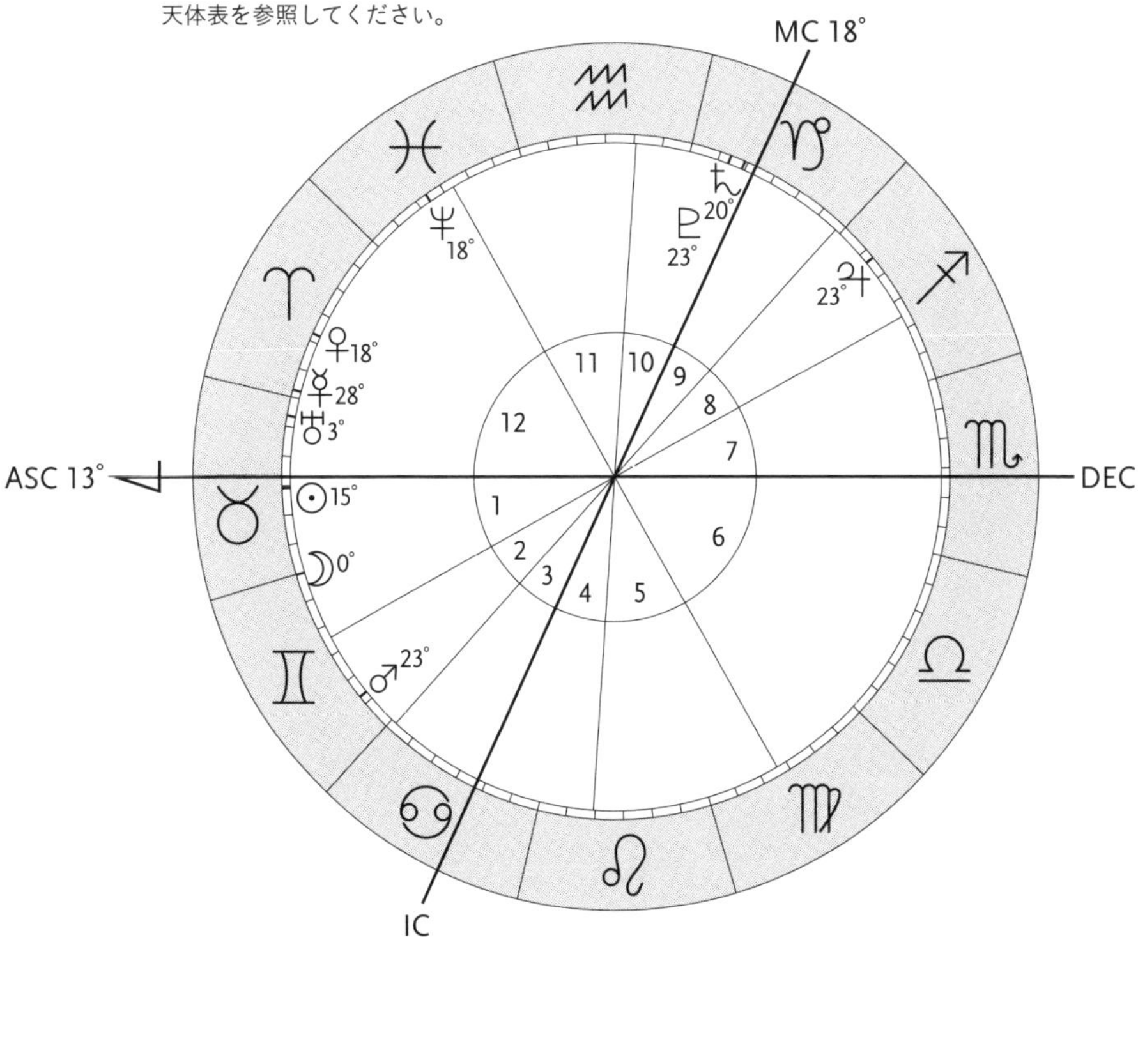

〈参考資料〉

英国王室メンバーの出生データ

注：占星術サイトwww.astro.com のアストロデータバンクのデータを使用。

エリザベス女王(Queen of England Elizabeth Ⅱ)
1926年4月21日　午前2時40分　メイフェア(ロンドン)生まれ

チャールズ皇太子(Prince of Wales Charles)
1948年11月14日　午後9時14分　ロンドン生まれ

ダイアナ元妃(Ex-Princess of Wales Diana)
1961年7月1日　午前7時45分　サンドリンガム生まれ

カミラ夫人(Duchess of Cornwall Camilla)
1947年7月17日　午前7時10分　ロンドン生まれ

ウィリアム王子(Duke of Cambridge William)
1982年6月21日　午後9時3分　パディントン生まれ

キャサリン妃(Duchess of Cambridge Catherine)
1982年1月9日　午後7時00分　バークシャー生まれ

ジョージ王子(Prince of Cambridge George)
２０１３年７月29日　午後４時24分　ロンドン生まれ

シャーロット王女(Princess of Cambridge Charlotte)
２０１５年５月２日　午前８時34分　ロンドン生まれ

ルイ王子(Prince of Cambridge Louis)
２０１８年４月23日　午前11時01分　パディントン生まれ

ヘンリー元王子(Ex-Duke of Sussex Henry)
１９８４年９月15日　午後４時20分　パディントン生まれ

メーガン元妃(Ex-Duchess of Sussex Meghan)
１９８１年８月４日　午前４時46分　カリフォルニア州カノガパーク生まれ

アーチー王子(Archie Harrison Mountbatten-Windsor)
２０１９年５月６日　午前５時26分　ロンドン生まれ

太陽と月に導かれて魂を磨く

遥か昔、20代の初めに私を占星術へと誘うきっかけを作ったのは、ほかならぬ「月の星座」の存在でした。当時はインターネットもなく、ひたすら手書きで作成したホロスコープの中に、天秤座の月を発見したとき、それまで抱いていた太陽星座占いへの疑問が一気に解けたような気がしたからです。

私の太陽星座は蠍座ですが、当時出回っていた「神秘的、秘密主義、集中力や探求心に恵まれる」といったステレオタイプの蠍座の性質が、自分には当てはまらないと感じていました。むしろ子どもの頃から「社交的で八方美人、けんかが苦手」という天秤座的な傾向が強く、初めて「占星術って面白い」と、この道を究めるスイッチが入ったのを覚えています。

社交的で人づき合いのよかった20代になったばかりの私は、同時に人間関係で悩むことも多く、それまでの自分を一度ゼロにしてやり直したい、とどこかで思っていたのでしょう（そういうところがまさに蠍座なのですが）。知り合いもコネもないままロンドンへと旅立ち、英国占星学協会の門を叩いたのは懐かしい思い出です。そこで出合った心理占星学は、人間の心という広大な宇宙を旅する方法を、私に教えてくれたように思います。

いつかは月星座の本を書きたいと思いつつ、さまざまなことに手を出してしまう私に、ようやくその機会が巡ってきました。長年、一緒に書籍や月の手帳『MOON BOOK』を作っている編集者、武居瞳子さんが、〝小さくて、深くて豊かで、明るくて〟という形容がピッタリの出版社、方丈社のWEBマガジンに連載をしながら一冊の本にまとめる、という素晴らしい提案をしてくれたのです。

連載を始めるにあたり、私は東京・大森にあった「葡萄屋ギャラリー&カフェ」で「月星座研究会」を始めます。それは2018年の春のこと。「牡羊座の月の会」から始めて「魚座の月の会」まで、全12回にわたる講座でした。その中で、毎回テーマとなる星座の月を持つ人に、自分の月星座についての感想を聞き、それを全員で共有しディスカッションするという、なんとも楽しい研究会となりました。美味しいお菓子とお茶、そして英国ゆかりの音楽……。このスタイルは私がかつて暮らしたロンドンでの、〝占星術の集まり〟を懐かしく思い起こさせました。今は閉店してしまった「葡萄屋カフェ&ギャラリー」の人々、研究会のスタッフ、そして毎回、欠かさず参加してくださった方々、本当にありがとうございました。特に第5章のケーススタディに協力してくださった生徒さんたちにも、この場を借りて御礼を申し上げます。

さてその研究会では、私のかつての師である心理学者にして占星術家のハワード・サスポータス氏の月の理論を紹介しました。

「First Love　月はまるで初恋のようなもの」

子どもにとって、母との出会いはまるで初恋。月の星座が意味するものは、あなたがどのように母親を眺め経験し、将来どんな親になり、どのように人を育成し、また人に育てられるかを暗示するというものです。月は生存本能と関わります。私たちは無意識のうちに、月の星座を通じて感情を発達させ、愛を育み、生き延びていくための方法を身につけるという説です。

この理論はとてもロマンティックでありながら、リアリティを伴って私の心に迫ってきました。たとえば同じ親子、兄弟姉妹であっても、月星座が違えば、外からの刺激に対し、本能的にしてしまうリアクションや、どのような状況に幸せを感じるか、苦手とすることや愛を得る方法なども異なります。そう考えると私たちは多かれ少なかれ、成長する過程でさまざまな葛藤を抱え、人とは違う自分を自覚することになります。第3章の「それぞれの月星座」は、この説を心に描きながら書き進めました。ある考えや仮説を、イマジネーションを膨らませながら検証し続けるというやり方が、たぶん私は好きなのでしょう。

思えば私自身、自分の「月星座」と出合ってから、常に太陽星座が求めるものと、月星座が感じる欲求に折り合いをつけることが人生のテーマとなりました。自分の心の中の太陽と月を理解し、そのふたつに橋を架け、自分の中で融合させていくことは、ある意味、一生を懸けた挑戦だといえるでしょう。

どうぞあなたの中で光り輝く太陽と月を自覚し、自分自身への洞察を深めてください。そのアプローチは、きっとあなたの魂を磨く行為となるでしょう。

この本を通じてより心理占星学への興味が深まった方には、拙著、電子書籍『完全版 心理占星学入門』（文藝春秋）を紹介したいと思います。20年前に書いた本が、まさにこの本と同じタイミングで再刊行されることに、運命の不思議を感じます。

そして最後に、決して多作ではない私をあきらめずに辛抱強く励まし、まるで伴走者のように寄り添ってくれた盟友でもある編集者、武居瞳子さん。あなたがいなければこの本は完成しませんでした。編集作業を引き継いでくれた旧知の編集者、大久保寛子さんにも感謝の気持ちを捧げます。また出版不況が加速し、COVID-19という未知のウイルスと全世界が戦っている年に、方丈社という〝小さくて、豊かで深い〟出版社と出合えたことも、「人生、なかなか捨てたもんじゃない」と思わずにはいられません。

水瓶座の0度で会合する木星と土星のグレートコンジャンクションを待ちながら。

2020年10月　岡本翔子

参考文献

『月の大辞典』テレサ・モーレイ著　岡本翔子 監訳（ソニーマガジンズ／2005）
『占星学』リズ・グリーン著　岡本翔子・鏡リュウジ共訳（青土社／2019）
『The astrological Moon』Darby Costello 著（CPA ／ 1996）
『Direction and Destiny In The Birth Chart』Howard Sasportas 著（CPA ／2002）
『The Luminaries』Liz Greene & Howard Sasportas 共著（Weiser ／1992）
『The Astrology of Self-Discovery』Tracy Marks 著（CRCS ／1985）
『Moon Signs』Sasha Fenton 著（Zambezi Publishing ／2009）
『Secrets of Moon Astrology』Teresa Moorey 著（A Godsfield book ／2006）

岡本翔子 おかもとしょうこ

心理占星学研究家。ロンドンにある英国占星学協会で、心理学をベースにした占星術を学ぶ。英国占星学協会会員。女性誌を中心に数多くの星占いを執筆、中でも『CREA』（文藝春秋）では創刊号から続く人気連載となる。また占星術と料理、コスメ、旅などを組み合わせたコラムを雑誌やウェブマガジンに寄稿。占星術を使ったブランディング広告なども手がける。電子書籍『完全版心理占星学入門』（文藝春秋）、『「月のリズム」で夢をかなえるムーン・マジック』（KK ベストセラーズ）、『占星学』リズ・グリーン著（青土社、鏡リュウジ共訳）、『月のリズムで暮らす本』『月の大事典』テレリ・ムーリー著（ヴィレッジブックス、監訳）『ハーブ占星術』エリザベス・ブルーク著（東京堂出版、翻訳・監修）など、著書・訳書多数。月の満ち欠けを記し、月のリズムを生活に生かすヒントが満載のダイアリー『MOON BOOK』（ディスカヴァー・トゥエンティワン）は、2004 年から続く静かなロングセラーとなっている。またウェブマガジン『CREA WEB』（文藝春秋）では『岡本翔子の日めくり MOON CALENDAR』を連載。

Facebook　岡本翔子の MoonBook

http://www.facebook.com/moonbook.jp/

岡本翔子オフィシャルサイト　http://www.okamotoshoko.com

オフィシャルブログ　http://ameblo.jp/okamotoshoko/

ブックデザイン　縄田智子 L'espace

編集　大久保寛子・武居瞳子（方丈社）

月《つき》の心理《しんり》占星学《せんせいがく》

2020年12月11日　第1版第1刷発行

著　者　岡本翔子
発行人　宮下研一
発行所　株式会社方丈社
　　　　〒101-0051 東京都千代田区神田神保町1-32 星野ビル2階
　　　　Tel.03-3518-2272 ／ Fax.03-3518-2273
　　　　ホームページ https://hojosha.co.jp
印刷所　中央精版印刷株式会社

ISBN978-4-908925-71-9　C0095